초보자도 어렵지 않은

1기 신도시
임장 노트

일러두기

1. 영어 및 역주, 기타 병기는 본문 안에 작은 글씨로 처리했습니다.
2. 외래어 표기는 국립국어원의 규정을 바탕으로 했으며, 규정에 없는 경우는 현지음에 가깝게 표기했습니다.
3. 이 책에서 언급하는 특정 지역의 아파트는 현장을 다녀온 사례일 뿐, 해당 지역의 투자를 권유하는 것이 아닙니다.
4. 이 책을 읽는 독자 여러분은 저자의 투자 전략과 노하우를 참고해주기를 바라며, 투자에 대한 선택과 책임은 독자 여러분에게 있음을 알려드립니다.
5. 이미지 및 그래픽 통계 출처는 그림 하단에 표기했습니다.
6. 본 도서는 작가별 원고의 특성을 가능한 한 그대로 살려 편집했습니다. 일부 편집 자체가 통일되지 않을 수 있습니다.

자산 퀀텀 점프가 쉬워지는
지역 분석 바이블2

초보자도 어렵지 않은
**1기 신도시
임장 노트**

메디테라
(정은숙)

모멘토

희아
(이수정)

돈디
(강영화)

송아

풀리 지음

카피 임장 고수 5인의
각양각색 1기 신도시 답사기

다온북스
DAON BOOKS

차례

1장	**재건축 최대 수혜 지역, 분당**	— 모멘토

4장　다르기에 더 특별하다, 중동　　— 송아

5장 작지만 알차고 활발한 도시, 산본 — 풀리

「노후계획도특별법」 가이드 방안이 나옴과 동시에 1기 신도시는 20~30년 동안 재건축 이슈로 바람을 탈 도시가 되었습니다. 이제 1기 신도시만 제대로 알아도 20~30년 동안 부동산 투자로 활용할 수 있게 되는 것이지요.

그러나 1기 신도시 관련한 지역 분석 책이 거의 없다시피 합니다. 다른 지역의 분석 방법을 보고 배우려고 해도 현재의 지역 내용을 말하기보다는 역사와 옛일을 이야기하는 경우가 많아 투자에 활용하기에 한계가 명확했습니다. 저 또한 부동산 투자 공부를 시작했을 때의 그 답답함을 알기에 현재 지역 공부를 할 때 가이드가 될 만한 책을 만들기 위해 노력했습니다.

그래서 투자자의 눈으로 지역을 바라보는 방법과 관점으로 책을 만들었습니다. 그러나 투자자뿐만 아니라 내 집 마련하려는 실수요자들에게도 도움이 될 책입니다. 생각 없이 필요에 따라서만 지역과 단지를 고른다면 나중에 이사를 나갈 때나 지난 상승장에서처럼, '왜 우리 집만 안 올라!' 하며 속상할 수 있기 때문입니다.

그래서 일반인이나 투자자가 읽어도 이해가 쉽도록 자세하고 친절하게 필요한 모든 내용을 담았습니다. 어디에 있는 단지가 더 좋은지,

왜 좋은지를 자세히 설명했습니다. 왜냐하면, 부동산 투자를 한 번도 안 해본 일반인이나 초보 투자자들은 이 아파트를 보아도 시멘트, 저 아파트를 보아도 시멘트로 보이기 때문입니다. 제대로 알고 보지 않으면 래미안 시멘트, 아이파크 시멘트, 자이 시멘트로 이름만 다르게 보이기 때문입니다. 나란히 있는 아파트에서 왜 오른쪽 단지가 더 비싸고 좋은지 알 수가 없습니다.

행정구역에 따라, 배치되는 학교에 따라, 베란다에서 보이는 풍경에 따라 몇천만 원씩 차이가 날 수 있다는 것은 그곳에 살아본 사람이거나 그 지역을 상세히 조사한 사람만 알 수 있기 때문입니다,

부동산을 처음 공부할 때는 아무리 열심히 강의를 들어도 투자를 하려고 하면 망설여지고, 확신이 들지 않았습니다. 그리고 아무리 여러 번 현장에 나가서 조사하고 다녀도 채워지지 않는 갈증이 있었습니다. 그래서 그 답답함을 누구보다 잘 알기에 이번 1기 신도시 지역 분석 책을 기획하게 되었습니다. 비록 지역 분석은 1기 신도시 5개 지역만을 다루지만 조사 방법은 다른 지역에 접목하여 활용해도 좋은 도구가 될 것입니다. 또한 1권의 지역 분석 내용만으로는 채워지지 않는 현장의 이야기까지 더 자세히 전하고픈 마음에 더욱 생생히 현장감을 살려 조사한 해당 지역에 특화된 임장보고서를 2권으로 담게 되었습니다.

1권은 1기 신도시의 5개 도시를 비교하며 각 도시의 가치를 구분할 수 있도록 구성, 설명하였고, 지역을 바라보는 기준을 제시하고 있습

니다. 반면, 2권은 지역을 아주 세부적으로 들어가서 그 지역만의 특화된 장·단점, 단지별 특징을 여러분의 눈앞에 펼쳐 놓듯 자세히 설명하고 있습니다. 2권은 나 대신, 또는 나보다 먼저 임장을 다녀온 선배 고수가 나에게 조곤조곤 조언을 해주는 듯한 느낌으로 이야기를 풀어주고 있습니다. "여기는 이걸 먼저 봐야 해.", "이 단지랑 이 단지는 이래서 다른 거야." 하며 옆에서 이야기를 해주는 것이죠.

　관심 지역에 갔을 때 막연함이 있었던 사람이라면, 현장 임장을 다녀와도 남는 게 없고, 내가 잘하고 온 건지, 시간만 허비하고 온 것 같다는 생각을 한 번이라도 해보신 분들께 추천합니다. 그리고 노파심에 말씀드리지만 부동산 분야가 아직 낯선 분들은 내용이 다 이해가 안될 수 있습니다. 누구에게나 처음은 어려운 법입니다. 그러나 여러 번 읽어 보고, 현장에 나가 확인하다 보면 그리 오랜 시간이 걸리지 않아

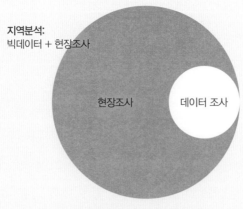

지역 분석, 고것 참!! ○○○○

도 자연스럽게 머릿속에 남을 테니 꼭 한번 지역 공부에 도전해 보시기 바랍니다.

지역 분석과 현장 임장은 떼려야 뗄 수 없는 관계입니다. 지역을 분석한다는 것은 인구, 면적, 공급물량, 가격(실거래가, 평단가, 매물가 등), 미분양물량, 지역 소득수준, 청약경쟁률 등 다양한 요소가 담긴 빅데이터와 현장을 조사하는 것, 모든 것을 포함합니다.

내 집 마련해야 하는 일반인도, 부동산 투자를 시작하는 초보자에게도 지역을 알아가는 것은 너무 어렵게 느껴집니다. 어느 지역에 내 집 마련하느냐, 투자하느냐에 따라 향후 발생하는 시세차익(수익)도 큰 차이가 생깁니다. 그렇다 보니 전문가의 영역이라 치부해 버리고, 아예 쳐다보지 않습니다. 그냥 내가 아는 범위 내에서 정해버리고 말거나, 남의 말만 믿고 결정을 내리시는 분들이 너무도 많습니다. 심지어 그것이 본인이 가진 전 재산에 해당할지라도 말이지요. 하물며 옷 하나를 살 때도, 차를 뽑을 때도 그렇게 열심히 알아보고 정하면서 더 큰 일인 부동산은 전문가의 영역이라며 고개를 돌려버리고 맙니다.

어찌 보면 너무 큰 결정이라 스스로를 더 믿지 못하는 경향도 있고, 이것을 책임져야 한다는 것에 큰 부담을 느낄 수도 있습니다. 그러나 내가 대충 정해버리든, 남의 말에만 따르든 결국은 본인이 책임을 지게 됩니다. 내 돈을 들이는 것이니까요. 다만, 남의 말을 듣고 결정한 사람은 조언한 사람을 탓할 수는 있습니다. 그렇지만 대신 책임져 주지도 않습니다. 이것은 절대 변하지 않습니다. 그리고 결과를 나아지게 만들지도 못 합니다.

그러나 조금만 노력을 들여보자고 결심하고 지금 당장 필요한 지역만이라도 열심히 조사하고 알아간다면, 2~3개월만 빠짝 노력을 들여도 적게는 수천만 원, 많게는 억 단위까지도 아끼거나 수익을 가져올 수 있습니다. 그것을 가능하게 하는 것이 지역 분석이고, 현장 임장입니다. 짧은 시간 동안 자신의 시간을 들여 그 정도의 수익이 생긴다면 당연히 해야 하지 않을까요? 그런데 왜 사람들은 하지 않을까요? 그 이유는 그렇게 노력을 들여도 결과가 없을 것이라고 스스로 먼저 생각해 버리기 때문입니다.

그러나 제가 이 책을 다섯 분의 투자자들과 함께 쓰면서 느낀 것은 전혀 불가능한 영역이 아니라는 것입니다. 처음에 부동산에 들어가서 "어떻게 말하고, 질문을 해야 할지 모르겠어요."라고 쭈뼛쭈뼛하셨던 분들이 저와 6개월 이상 꾸준히 임장을 다니고, 공부한 결과 이전의 그런 고민은 물론, 지역을 보는 눈까지 생겨서 시기에 따라 챙겨봐야 할 것, 쟁점이 되는 사항, 투자 시 필요한 확인 사항 등을 스스로 생각해서 임장을 다니게 되었습니다.

그렇게 들인 시간과 노력의 결과물이 이 책에 고스란히 담겨 있습니다. 책으로 만들 정도로 높은 수준의 임장보고서를 쓰기까지 사실 전 3년이 걸렸습니다. 제가 지역 공부를 할 때만 해도 지역 공부 방법을 체계적으로 알려주는 곳이 거의 없었습니다. 왜냐하면 이런 고급 정보는 자신만의 투자 노하우로 현장에서 부딪히며 어렵게 쌓은 내용이기 때문에 남에게 잘 공유하지 않기 때문입니다. 물론 그 풍조는 지금도 마찬가지입니다. 대부분 초보자 여러 명을 불러놓고 데리고 다니며, 기본적인 임장 방법을 가르쳐주는 것이 다입니다.

그러나 저는 하루에 2명씩 밀착해서 같이 부동산도 들어가고, 임장을 다닐 때 놓치지 말고 봐야 하는 것, 비교하는 방법, 시기에 따라 달리 봐야 할 것 등을 온종일 같이 다니며 알려주고 궁금한 것을 바로바로 해결해주는 프로그램으로 함께 땀 흘리며 시간을 같이 보냈습니다. 또한, 임장을 가기 전에 방법을 알려주고 자신이 알아낼 수 있는 지역 자료도 조사하고, 공부하게 했습니다.

이렇게 임장하면서 내세운 기치는 '절대적인 양의 인풋과 기계적인 아웃풋'입니다. 사람이 새로운 분야를 빠르게 알아가기 위해서는 절대적으로 많은 양의 습득이 필요합니다. 그래서 짧은 시간에 지역에 관한 내용을 퍼부어 주는 것이지요. 물론 처음에는 그중 10분이 1도 담아가기 어렵습니다. 그러나 이것이 반복되면 어느 순간 저절로 이해되는 순간이 옵니다. 우리가 영어의 같은 문장을 1번 들을 때와 10번, 100번 들을 때 차이가 생기는 것처럼요.

또한, 거기서 끝나는 것이 아니라 기계적인 아웃풋, 즉 매주 자신이 조사한 내용, 배운 내용, 현장에 가서 보고 확인한 내용을 정리하다 보면 머릿속에 엉켜만 있어서 활용하지 못했던 정보를 활용할 수 있게 됩니다. 기록은 자신의 머릿속 정보를 요약정리하고 활용할 수 있게 배열하는 역할을 합니다. 종이나 컴퓨터에 정리하지만 결국, 머릿속 정보를 쓸 수 있게 만드는 과정인 것이죠. 그렇게 여러 번 반복하게 됩니다. 그러면 무서운 반복의 힘을 느끼게 됩니다. 어떤 분은 한 달 만에 감을 잡기도 하고 어떤 사람은 2~3달이 걸리기도 합니다.

사람마다 속도가 다 다르기 때문입니다. 하지만 포기하지 않고 꾸준히만 한다면 자신에게 지역을 보는 눈이 생겼다는 것을 스스로 느끼게 됩니다. 그러면 신기하게도 저에게 더 괴롭혀 달라고 하십니다. 평소 잘 안 걷던 분들이 온종일 걸어서 임장하게 되면, 집에 가면 녹초가 됩니다. 어떤 분은 발바닥에 물집이 나란히 2~3개가 생기는 분도 계셨는데, 그것을 노력의 훈장으로 여기시더라고요. 그리고 이렇게 한 달만 하다 보면 체력도 좋아집니다. 건강을 위한 걷기는 언제나 옳으니까요.

이렇게까지 하는데 안 변할 수가 없습니다. 그리고 그 변화는 자신이 가장 잘 알게 됩니다. 임장이 힘들다고 하면서도 한 지역을 끝내면 오는 깨달음과 자신의 변화가 만족스러워 다음 지역 임장이 기대된다고 하더라고요. 이런 분들은 당연히 지역을 분석하는 능력이 안 생길 수가 없습니다.

이렇게 배워서 지역을 알아가기 위한 여러 빅데이터 요소와 현장에서 조사한 모든 것을 일목요연하게 정리해 놓은 것이 임장보고서입니다. 내가 어느 곳에 이사할지, 투자할지 말지를 정할 때, 그 판단의 근거가 되는 것입니다. 사실 임장보고서를 스스로 만들면서 "아하~" 하고 깨달음과 확신을 갖게 됩니다. 그러나 이것마저도 배우는 데 시간이 걸리기 때문에 당장 이사를 하실 분들은 전문가에게 브리핑받는다는 느낌으로 이 정도라도 정보를 가지고 결정을 내리셔야 합니다. 그리고 지역 공부를 이제 시작하시는 분들은 잘 만들어진 임장보고서를 보고 "앞으로 이렇게 하면 되겠구나!" 하고 감을 잡으실 수 있고, 모방을 통해 빠르게 배우실 수 있습니다. 그러니 지금부터라도 같이 지역을 알아보기로 해요.

임장보고서 이렇게 활용해보세요!

① 초보자 임장보고서 샘플 및 활용 방법 (예시)

1. 물건 기본 자료	임장 횟수 : 3회 임장일 : 2015년 9월
관심 부동산 주소와 지도 **조언 톡톡** 머릿속에 지도가 없는 사람들은 주소지만 보고 해당 부동산이 어디에 있는지 바로 떠오르지 않아요~그래서 지도를 같이 넣어두면 다시 찾아 볼 필요 없이 바로 위치를 떠올릴 수 있어 좋습니다. 그러니 지도에 익숙해질 때까지는 지도를 항상 챙기세요!!	인천 남구 주안동 ○○−○○ ●●●타운 ●●●동 ●●●호  인천 시내 관심 물건지 위치도 (출처: 카카오맵(https://map.kakao.com))  관심 부동산 주변 지도 (출처: 카카오맵(https://map.kakao.com)) **조언 톡톡** 지도를 삽입할 때, 지역 전체적으로 어느 정도의 입지인지, 역과의 거리는 어떻게 되는지까지도 보기 위해 2개의 지도를 넣는 것이 좋습니다.

매수목적	내 집 마련? 투자용? (임대수익? 시세차익?) **조언 톡톡** 매수목적에 따라 조사내용과 임장 방법이 달라지니 꼭 목적을 명확히 정하고 시작해야 합니다.
대지면적 / 건물 면적	29.54m2(8.94평)/46.7m2(14.13평)

2. 부동산 가격 및 지역 사전 조사

매매가	1) 매매 물건별 가격과 매물 현황 　●●타운 ●●●동 ●●●호 8,500만 원(조정 가능) 　* 실거래가 　－ ●●●동 3층 (2015.7.3.) 10,200만 원에 거래 (출처 : 인천광역시 지도포털) **조언 톡톡** • 인천지역은 '인천광역시 지도포털' 사이트가 국토부보다 빠르게 내용이 올라오거나 자세할 수 있습니다.  **인천광역시 지도포털 사이트** (출처: 인천광역시 지도포털(https://imap.incheon.go.kr/)) • 국토교통부 '실거래가 자료제공'에서 빌라 거래 자료를 기간별로 엑셀 파일로 다운받아 사용할 수 있습니다.  **국토교통부 실거래가 공개시스템 사이트** (출처: 국토교통부 실거래가 공개시스템(http://rt.molit.go.kr/))

매매가	**⟨if⟩ 아파트였다면** • 실거래가와 내역  **인천 남동구 아파트 실거래가 검색 예시** (출처: 국토교통부 실거래가 공개시스템(http://rt.molit.go.kr/)) • 호갱노노나 아실, 부동산지인 등 실거래가 정보 조사 그 외 네이버 매물 조사 등 **조언 톡톡** 부동산 투자에 있어 가격조사는 1순위입니다. 초보자에게 있어 부동산 가치를 가장 잘 알 수 있는 것이 가격입니다. 그러므로 가격에 대한 조사는 다양한 방법으로, 다양한 관점으로 다각화하여 입체적으로 조사해야 합니다. 2) 임장 후 판단하는 작성자의 본 물건 예상 매매가격과 그 이유(임장 다녀온 후에 작성하기) (조사 시 상황 예시 : 4층에 8,500만 원짜리 빌라가 같은 동에 나와 있었음) 예상 매매가격 : 8,000만 원~8,500만 원 본 건물 계단 쪽 창문으로 간석역사 안이 보일 정도로 간석역과 가까우며 2009년에 준공된 빌라로 인근에서 가장 깨끗하고 구조가 잘 빠져있는 것 같습니다. 방 2개와 화장실이 넓은 편입니다. 본 건물의 분양가는 11,000만 원으로 현재 감가상각에 의해 적정가격으로 내려왔다고 부동산에서는 말하고 있습니다. **조언 톡톡** 처음에 본인의 생각과 의견을 쓰려면 무척 힘이 듭니다. 자신이 생각하기에도 필요 없는 얼토당토않은 것을 써놓는다는 생각이 들기 때문입니다. 하지만 자신이 어떻게 생각하는지 정리를 해두어야 나중에 자신이 무엇을 잘 못 알고 있었는지를 알 수 있습니다. 그리고 자신의 의견을 내야 판단 능력이 생기니 자신이 없더라도 부끄럽더라도 꼭 작성해 보세요. 부끄럽다면 남에게 안 보여주면 그만이니까요. 또한, 임장보고서의 개수가 늘어갈 때마다 자신이 성장하고 있다는 것을 여실히 느낄 수 있는 공간이 되기도 합니다. 부동산은 주식과 달리 수익이 바로 눈으로 확인이 되지 않는 편입니다. 자신의 성장을 볼 수 있는 부분이 있어서 재미도 생깁니다.

매매가	\n\n인천시 남동구 멀티 차트 (출처: 부동산지인)
전세가	1) 전세 물건별 가격과 전세 매물 현황 현재 매물은 없습니다. * 실거래가 • 하나타운 4층(2015.7.7.) 전세 7,000만 원에 거래 2) 임장 후 판단하는 작성자의 본 물건 예상 전세가격과 그 이유 예상 전세가격 : 7,500만 원 현재 간석역 인근 빌라 중 전세물량은 없습니다. 빌라는 대부분 월세를 선호하기 때문입니다. 7,500만 원이면 바로 나가고 8,000만 원에 하고 싶다면 조금 기다리면 가능할 것도 같습니다.
월세가	1) 월세 물건별 가격과 월세 매물 현황 월세는 동일 번지에는 없었고, 동암역 주변으로 올라가거나 주안역 주변으로 나가야 월세 물량이 많이 있었습니다. 하지만 역과 5분 정도 더 멀어져 있고 연식이 오래되고 빌라 외관이나 내부가 지저분한 곳이 많았습니다. 그리고 동암역 – 간석역 – 주안역으로 갈수록 월세가 싸게 형성되어 있다고 합니다. 그 이유는 서울과의 접근성 때문으로 정거장이 서울과 멀어질수록 비록 한 정거장 차이지만 시세에서 차이를 보인다고 합니다. 2) 임장 후 판단하는 작성자의 본 물건 예상 월세 가격과 그 이유 예상 월세가격 : 1000/40~45 09년도 준공의 신축 빌라로 내부가 깨끗한 편이고 통베란다가 있어 수납할 공간에 여유가 있으며 건물 출입구에 외부인을 통제할 수 있는 시건장치가 되어 있어 선호도가 있을 뿐만 아니라 다른 빌라에 비해 복도 등 내부가 깨끗하게 관리, 유지되고 있었습니다. 또한 간석역과의 거리가 2~3분 이내입니다.

임장 시 지역 부동산 시장 분위기	주안역, 간석역 인근은 도로 교통량이 상당히 많았으며 간석역 부근에는 아파트보다는 빌라가 많이 형성되어 있었고 대부분이 연식이 오래된 빌라들이 많았습니다. 신축 빌라들은 대부분 주안역 인근에 많은 편이나 간석역 주변으로는 신축 빌라가 많지 않았습니다. 또한 최근 빌라 매매는 활성화되어 있지 않았고 부동산들 모두 추석이 지나 봐야 알 것 같다는 분위기였습니다. 그러나 투자자들이 빌라를 종종 사기는 했다고 합니다.
지역 호재 및 악재	* 호재 • 인천지하철 2호선 • 장점 : 환승역이 많고(검암역 KTX, 인천시청역 GTX, 1호선 주안역, 7호선 부평구청역, 앞으로 개통될 9호선 분당역까지⋯), 올 하반기에 시험 운행이 예정되어 있고, 내년 운행이 가능할 것으로 보입니다. • 간석역 후 주안역입니다. (지하철로 1 정거장) 주안역은 추후 인천지하철 2호선 환승역이 될 예정이며 국철 1호선과 인천지하철 2호선을 함께 이용할 수 있는 역이 될 것이며, 인천시에서 광역버스 노선 정비를 준비하고 있어 추후 서울로의 접근성이 더욱 용이해질 것으로 보입니다. **조언 톡톡** – 위에 정리된 호재는 잘 못 작성된 것을 보여주는 예시입니다. 호재나 악재를 조사할 때는 그 명칭과 진행 상황, 실현 가능성, 호재나 악재 발현 시점, 이 요소가 관심 부동산에 미치는 영향과 시기까지 고민하여 정리해 두어야 합니다.

3. 종합 의견 및 입찰가 산정

| 종합 의견

조언 톡톡
처음 조사를 하는 사람은 어떤 내용을 조사해야 할지, 어느 정도까지 조사해야 할지 감을 잡기가 어렵습니다. 그것이 당연한 것입니다. 그럴 땐 자신이 생각하기에 필요하다고 생각되는 조사한 내용은 모두 여기에 쓰시면 됩니다. | 인천지하철 2호선의 호재가 있으며, 간석역과의 거리가 도보로 2~3분 이내입니다. 도로에서 건물까지 들어가는데 골목을 한참 들어가지 않아도 되어 서울로 출퇴근하는 여성 직장인들에게 선호도가 있을 것 같습니다. 신축 빌라로 내외부가 깨끗하고 구조가 잘 빠져서 임차인들에게 선호도가 있을 것으로 예상됩니다. 주변에 내외부가 깨끗하지 않고 역과도 거리가 있으며 골목으로 한참 들어가야 하는 빌라도 1000/40이나 500/35 정도는 주어야 하기에 충분히 임차인은 잘 구해질 것으로 보여집니다. 다만 엘리베이터가 없는 5층이라는 것이 좀 불편합니다.

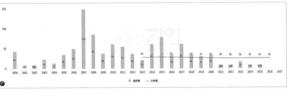
인천 남동구 수요와 공급물량 (출처: 부동산지인) |

| 종합 의견 | 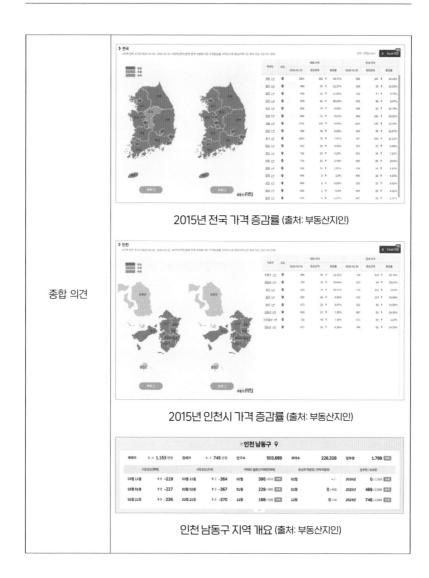 |

2015년 전국 가격 증감률 (출처: 부동산지인)

2015년 인천시 가격 증감률 (출처: 부동산지인)

인천 남동구 지역 개요 (출처: 부동산지인)

종합 의견	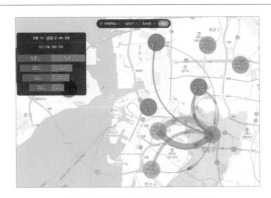 인천 남동구 전출입 (출처: 부동산지인) 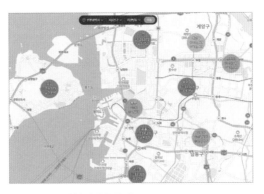 인천시 공급물량 (출처: 부동산지인) 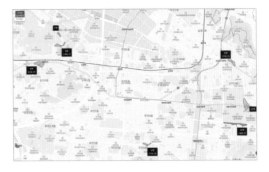 인천시 남동구 학원가 (출처: 호갱노노)

종합 의견	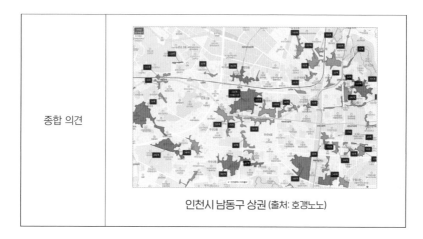
	인천시 남동구 상권 (출처: 호갱노노)

② 중급자 이상 임장보고서 샘플

1. 물건 기본 조사	임장 횟수 :　회,　임장일시 :　년　월　일
물건지 주소	
투자 전략	시세차익 / 임대수익
대지면적/건물 면적	
물건 위치	
공급·수요 리스크	공급리스크 – [시기별 공급물량] [공급물량에 대한 의견] [최근 입주] 〈기존주택〉 – 작년 분위기 : – 올해 분위기 :
수요리스크	[지역 수요] – 실거주 선호도 : – 전세에서 매매로 갈아타는 수요 : – 이주수요(재건축, 재개발) : – 일자리 수요 : [외지 수요] – 매매가 전세가 갭 : – 매매가 대비 전세가 상승 폭 : – 투자자 수요 :

2. 지역 분석	
지도	
입지	역과의 접근성 : 버스와의 접근성 :
교통	지하철 : 버스 : 도로 : 업무지구 접근성 :
교육 환경	초등학교 : 중학교 : 고등학교 : 유명 학군 : 대학교 :
편의시설	대형편의시설 : 시장 : 문화센터 : 상업지구 : 병원 : 편의 :
지형	
자연환경	
소음	

지역 호재, 악재	# 호재 : 개발명, 진행 정도, 관심 지역, 물건에 미치는 영향력까지 고민해 보기
인구	〈인구이동〉

3. 아파트 분석

아파트 수	
동별인구수	
동별세대수	
평형대 분포도	
년식 분포도	
브랜드 선호도	

4. 물건분석

물건 개요	연식 : 총 세대수 : 현관구조 : 난방방식 : 구조 : 세대수 당 주차장 수 :
구조	
향	
조망권	조망권이 있는 동 : 몇 층 이상 : 가격 차이 :

일조권	일조권이 안 좋은 동 : 몇 층 이상 : 가격 차이 :
층	가격 차이 : 저층과 탑층의 거래빈도 :
주차	주차장과 바로 연결되는 동 :
위치	
소음	소음이 심한 동 :
종합 의견	로얄동과 선호동 : 가격 차이 : 그 이유 : ★

5. 시세 분석

매매가	1) 매매 물건별 가격과 매물 현황
	  (1) 호가 :
	    A급 물건 :
	    B급 물건 :
	
	  (2) 최근 3개월 내 거래가격
	    A급 물건 :
	    B급 물건 :
	
	  (3) 매물 현황
	    급매 :
	    급매이유 :
	    적정가 :
	    고가 :

최근 상황	
예상 매매가격과 그 이유	예상 매매가격 : –
실거래가	

전세가	1) 전세 물건별 가격과 전세 매물 현황
	  (1) 호가 :
	     A급 물건 :
	     B급 물건 :
	
	  (2) 최근 3개월 내 거래가격
	
	  (3) 매물 현황
	     급매 :
	     급매이유 :
	     적정가 :
	     고가 :

최근 상황	
예상 전세가격과 그 이유	예상 전세가격 :
실거래가	

월세가	1) 매매 물건별 가격과 매물 현황
	  (1) 호가 :
	
	  (2) 최근 3개월 내 거래가격
	
	  (3) 매물 현황
	     급매 :
	     급매이유 :
	     적정가 :
	     고가 :

최근 상황	매물 개수 : 회전속도 : 최근 상황 :
예상 월세가격과 그 이유	예상 월세가격 : - 그 이유 :
실거래가	
6. 중개사 관리	
공인중개사	

7. 시장 분위기	
매매시장 분위기	가격 상승 : 상승 원인 : 추가 상승 여력 : 매매수요 : 공급물량 : 판단 :
전세시장 분위기	가격상승 : 상승 원인 : 추가 상승 여력 : 전세 수요 : 공급물량 : 판단 :
월세시장 분위기	월세 수요 : 공급물량 : 판단 :
8. 종합 의견	
	지역에 대한 평가 물건에 대한 평가 가치종합 접근 전략

1장

재건축 최대 수혜 지역, 분당

— 모멘토

보고서 장점

보고서 형식에 충실하게 필요한 내용을 적재적소에 요약하는 능력이 있으신 모멘토님의 분당 임장 보고서입니다. 워낙 세심하고 꼼꼼한 성격이라 그 성격을 살려 요소별 자세한 설명과 근거까지 빠짐없이 잘 정리가 되어 있습니다. 게다가 단지별 특징 및 용적률과 시세까지, 무엇 하나 빠짐없이 자료가 다 준비되어 있으니 이 보고서만 들고 분당을 바로 임장을 가도 전혀 어려움이 없으리라 생각합니다.

챙겨볼 포인트

남부와 북부로 나눠서 보되, 남부를 무조건 먼저 보시길 추천드립니다. 왜냐하면 지역을 처음 갈 때는 기준을 먼저 세우는 게 좋고, 그 기준을 세우기에는 남부의 핵심 단지부터 가는 것이 좋기 때문입니다. 남부의 시범단지를 기준으로 확장해 가며 다른 단지와 비교해 가며 임장을 하시면 좋을 것 같습니다. 특히나 모멘토님은 3가지 임장 동선을 추천해 주시기도 했습니다.

　알짜배기 임장 동선을 따라가면 분당의 기준을 세울 단지들을 비교해 볼 수 있고, 단지별 정리까지 되어 있어 내가 보는 단지 특성과 차이가 있는지 비교해 가며 보면 놓치는 것 없이 가치 비교가 가능할 것 같습니다. 두 번째로 분당은 리모델링이 가장 빠른 단지가 있는 지역인데, 동별 리모델링 단지 임장 코스도 추천하고 있어 리모델링 단지끼리 비교해 볼 수 있고, 어느 단지가 내 상황에 잘 맞고 메리트가 있는지 알 수 있습니다.

마지막으로 분당 지역의 특성과 시기별 지역 분위기를 제대로 파악할 수 있는 핵심질문 리스트까지 직접 현장에서 답을 듣는다면 분당 지역에 대한 이해가 더욱 높아질 것입니다.

분당신도시를
주목하는 이유

재건축 정책 이슈

분당은 1기 신도시 대장 지역으로, 용적률은 169퍼센트로 가장 낮고 거주 선호도는 높아 재건축 사업성도 좋은 도시로 평가되고 있습니다. 그리고 윤석열 정부의 '1기 신도시 재건축 특별법 추진' 공약의 '역세권 용적률 500퍼센트 상향', '재건축 절차 단축' 및 '선도지구 지정' 조건에 가장 부합하는 최대 수혜 지역으로 꼽히고 있습니다.

1기 신도시의 경우, 연구용역을 거쳐 도시 재창조 수준의 재정비 **마스터플랜을 '24년 중 수립**할 예정이다.

2022.8.16 부동산 대책

**1기 신도시 정비, 국토부·지자체가 함께
속도감 있게 추진하겠습니다.**

– 특별법안 '23.2월 발의, 국토부·지자체 마스터플랜 공동수립 –

국토부는 제도화 방안 마련을 위한 연구용역과 지자체간 상설협의체 등을 통해 **다양한 의견을 수렴**하고 **법안 마련을 위한 관련 일정을 최대한 앞당겨 '23.2월 에 특별법안을 발의** 할 예정이다.

2022.9.8. 국토교통 부장관-1기 신도시 지자체장 간담회

1기 신도시 정비 선도지구, 5개 신도시별로 지정한다

1기 신도시 전체로 정비 확산을 촉진하는 첫 이정표
국도부는 선도지구 지정 가이드라인 제시, '24년 중 지자체가 지정

1기 신도시 모든 지자체는 **정비기본계획(지자체 수립)** 관련 용역을 '23년 1월 까지(성남시는 **'22.10월**) 발주 완료할 계획이다.

2022.10.24 국토교통부 보도자료

우수한 광역 교통망 및 GTX-A, 월곶판교선 등 신규 교통망 호재

성남시 분당구는 고속도로 4개(경부고속도로, 수도권제1순환고속도로, 용인서울고속도로, 제2경인고속도로)와 고속화도로 2개(분당수서간도시고속화도로, 분당내곡간도시고속화도로)를 이용할 수 있어 서울시로 접근하기 좋은 광역 교통망을 잘 갖춘 도시입니다.

여기에 추가 호재로 판교역과 이매역 사이에 공사 중인 GTX-A 성남역이 있으며, 송도~월곶~판교를 잇는 월곶판교선(월판선)은 2026년 개통을 목표로 공사 중에 있습니다. 또한 경기도와 국토교통부는 성남

수도권 광역급행철도(GTX-A) 노선
(참고: 국토교통부, 출처: 네이버지도)

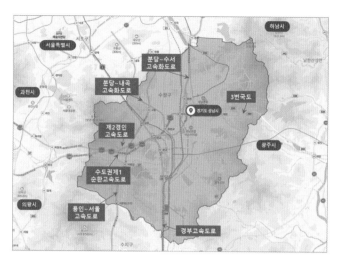

분당의 고속도로 및 고속화도로 현황 (참고: 국토교통부, 출처: 네이버 지도)

시에 '경기도 도시철도망' 3개 노선(성남 1호선, 성남 2호선, 8호선 판교 연장)구축을 계획하고 있습니다.

풍부한 양질의 일자리

분당은 IT 기업, BT 기업, CT 기업 등 양질의 일자리가 모여 있는 판교신도시(제1, 제2판교테크노밸리)를 품고 있어 인구수, 세대수가 증가하는 추세입니다. 판교 기업의 임직원 현황을 보면 고소득층에 해당하는 연구 인력 비율이 34.6퍼센트(24,902명)로 가장 높아 상대적으로 고가 자산인 부동산을 구매할 수 있는 잠재 수요가 풍부한 것으로 판단됩니다.

구분		현황 자료
입주기업		1,697개
총 매출액	제1판교 테크노밸리	99% (108.8조)
	제2판교 테크노밸리	1% (1.1조)
임직원	연구인력	24,902명
	여성인력	19,972명
	신규인력	11,936명
입주기업 업종유형	IT	64.6% (1,096개)
	BT	13.4% (228개)
	CT	13% (220개)
	NT	1.1% (19개)
	기타	7.9% (134개)
입주기업 법정유형	중소기업	87.6% (1,487개)
	중견기업	5.7% (97개)
	대기업	3.8% (64개)
	기타	2.9% (49개)

판교테크노밸리 단지 기업 현황 (참고: 판교테크노밸리pangyotechnovalley.org)

뛰어난 학군

분당구 수내동에 위치한 내정중학교, 수내중학교 학군은 학업성취도가 좋고 학부모들의 선호도가 높아, 수내동 부동산 시세는 항상 높은 가격을 유지하고 있습니다. 또한 분당에 위치한 성남외국어고등학교, 낙생고등학교는 강남권 수준의 학군이라고 볼 수 있습니다.

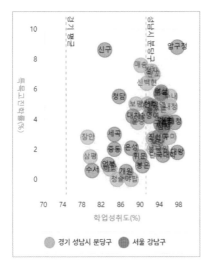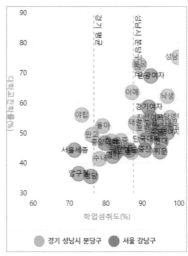

성남시 분당구와 서울시 강남구의 진학률 및 학업성취도 비교 (출처: 아실)

특히 2022학년도 서울대학교 진학률을 보면 전국의 일반 고등학교를 통틀어 분당의 낙생고등학교가 1위를 차지했습니다. 추가로 '성남시 순이동 인구 증가' 자료에서 상위 Top3 지역을 살펴보면 학군을 중요시하는 강남구, 서초구, 노원구에서 분당으로 전입해 오는 수요가 많다는 것을 확인할 수 있습니다.

순위	고교명	수시최초 수시추합 정시최초		시/도	소재	고교유형
		2022	2021			
1	외대부고	77	63	경기	용인시	자사(전국)
2	서울과고	56	비공개	서울	종로구	영재학교
3	경기과고	48	비공개	경기	수원시	영재학교
3	대원외고	48	41	서울	광진구	외고
5	하나고	42	48	서울	은평구	자사(전국)
6	대전과고	39	비공개	대전	유성구	영재학교
7	세화고	37	27	서울	서초구	자사(광역)
7	인천영재	37	비공개	인천	연수구	영재학교
9	한국영재	35	비공개	부산	부산진구	영재학교
10	대구과고	34	비공개	대구	수성구	영재학교
11	광주과고	33	비공개	광주	북구	영재학교
12	휘문고	32	24	서울	강남구	자사(광역)
13	상산고	31	21	전북	전주시	자사(전국)
14	세종고	30	22	서울	구로구	과고
15	중동고	27	17	서울	강남구	자사(광역)
16	민사고	25	25	강원	횡성군	자사(전국)
17	대일외고	24	25	서울	성북구	외고
18	낙생고	23	16	경기	성남시	일반(평준)
18	명덕외고	23	25	서울	강서구	외고
20	한영외고	21	23	서울	강동구	외고
20	북일고	21	16	충남	천안시	자사(전국)
20	경남과고	21	15	경남	진주시	과고
20	보인고	21	9	서울	송파구	자사(광역)

2022년도 서울대학교 진학률 (출처: 베리타스알파)

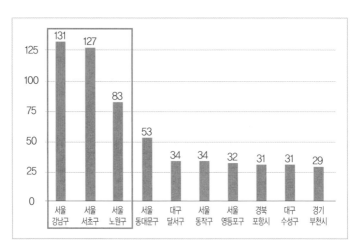

경기 성남시 순이동 인구 증가 지역 (출처: 부동산지인)

재건축 / 리모델링 추진 단지
임장 지도 & 시세 지도

임장지도 1

출처: 카카오맵(https://map.kakao.com)

임장지도 2

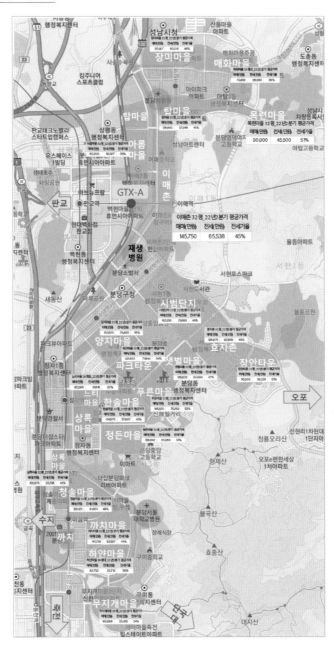

무조건 따라가는
재건축 단지 임장 동선

재건축 추진 단지 현황

분당에서 통합 재건축을 추진하는 곳은 4개 단지(시범단지, 양지마을, 효자촌, 파크타운)이며, 개별 단지별로 추진하는 곳은 6개 단지(장미마을 현대, 상록마을 우성, 샛별마을 삼부/동성, 까치마을 1~2단지)입니다. 진행 단계는 '추진 준비위원회' 출범 단계로 비슷하나, 통합 재건축을 추진하는 시범단지와 양지마을이 선두로 앞서가고 있습니다. 최근 국토교통부의 '1기 신도시 재정비 선도지구' 지정 소식이 있었는데 분당에서는 '역세권(서현역)', '노후도(1991년 9월)', '대단지(7,725세대)' 관점에서 봤을 때 시범단지가 선도지구로 지정될 가능성이 크다고 생각합니다.

핵심 단지만 쏙쏙! 알짜배기 임장 코스-시범단지, 양지마을

현장 스케치① 삼성한신~한양

임장순서	단지명 (단지정보)	면적	대지지분 (평)	평단 지분가	실거래 현황				Gap	전세 가율
---	---	---	---	---	매매		전세			
					금액	계약월	금액	계약월		
①	시범 삼성한신 [1,781세대] 용적률 191%	22평	10.8	0.99	10.7	'22.8	4.5	'23.2	6.2	42%
		32평	15.7	0.97	15.2	'23.1	6.9	'23.2	8.3	45%
		48평	23.7	0.82	19.5	'22.6	7.3	'23.2	12.2	37%
		62평	30.5	0.82	24.9	'22.4	13.0	'21.3	11.9	52%
		70평	34.0	0.65	22.0	'21.12	12.0	'22.10	10.0	55%
②	시범 우성 [1,874세대] 용적률 191%	17평	8.2	1.04	8.5	'21.12	4.0	'22.12	4.5	47%
		22평	10.6	1.08	11.5	'21.10	4.3	'23.2	7.2	37%
		25평	11.5	0.76	8.8	'23.1	4.2	'23.2	4.6	48%
		29평	13.5	1.00	13.5	'21.7	5.4	'23.2	8.1	40%
		32평	15.1	0.85	12.8	'22.8	5.9	'23.2	6.9	46%
		46평	23.0	0.70	16.0	'22.2	7.8	'22.8	8.2	49%
		50평	23.6	0.68	16.0	'21.8	9.4	'22.7	6.6	59%
		53평	23.8	0.80	19.0	'22.5	9.2	'22.12	9.9	48%
		59평	29.3	0.36	10.5	'19.6	9.0	'22.3	1.5	86%
		63평	29.2	0.68	20.0	'22.3	13.0	'22.11	7.0	65%
		72평	34.5	0.62	21.4	'21.2	9.0	'22.12	12.4	42%
③	시범 현대 [1,651세대] 용적률 194%	18평	8.3	1.10	9.2	'22.4	3.0	'22.12	6.2	33%
		21평	10.0	1.17	11.7	'22.6	4.5	'22.11	7.2	38%
		33평	14.3	1.15	16.4	'22.6	6.2	'23.2	10.2	38%
		39평	18.2	0.91	16.7	'22.4	7.5	'23.1	9.2	45%
		46평	21.8	0.78	17.0	'22.6	11.0	'23.1	6.0	65%
		59평	27.5	0.71	19.5	'21.9	10.0	'23.1	9.5	51%
		63평	29.3	0.65	19.0	'20.12	9.0	'22.10	10.0	47%
		67평	31.2	0.70	21.8	'22.5	10.8	'23.1	11.0	50%
		68평	31.8	0.57	18.0	'22.1	10.7	'22.11	7.3	59%
		69평	32.5	0.63	20.5	'22.3	8.5	'22.11	12.1	41%
		77평	36.0	0.39	14.0	'19.10	–	–	–	–
		78평	36.7	0.54	20.0	'21.1	9.1	'22.8	10.9	46%
④	시범 한양 [2,419세대] 용적률 201%	12평	5.3	1.09	5.8	'23.2	3.2	'23.1	2.6	55%
		14평	6.5	1.20	7.9	'22.8	3.0	'23.2	4.9	38%
		22평	9.8	1.06	10.3	'21.6	4.8	'23.1	5.5	47%
		24평	10.7	1.07	11.5	'22.4	4.4	'23.1	7.1	38%
		33평	14.8	1.10	16.3	'22.4	5.7	'23.1	10.6	35%
		36평	16.1	0.92	14.8	'22.2	8.2	'21.12	6.6	55%
		47평	20.9	0.91	–	–	–	–	–	–
		49평	21.7	0.91	19.8	'22.4	8.1	'22.12	11.7	41%
		54평	24.0	0.78	18.6	'22.3	10.0	'22.10	8.6	54%
		60평	26.3	0.65	17.0	'23.2	9.5	'22.12	7.5	56%
		69평	30.2	0.76	–	–	–	–	–	–
		78평	34.5	0.72	24.9	'22.5	15.0	'22.6	9.9	60%

이전 최고가		갭	단지 모습
금액	계약월		
13.4	'22.3		
17.1	'22.3		
19.5	'22.6		
24.9	'22.4	"시범단지 내 4개 단지는	
22.0	'21.5	통합재건축을 추진하고 있고,	
8.5	'21.12	1기 신도시 재정비 선도지구로	
11.5	'21.10	선정 될 가능성이 크다."	
12.1	'22.4	"처음에는 시범우성 단지만	
13.5	'21.7	재긴축을 추진 했지만,	
16.5	'22.5	단독 추진은 사업성이 낮을 수	
18.0	'21.10	있다고 판단되여 시범단지 전체를	
16.0	'21.8	통합 재건축하는 방향으로	
21.0	'22.4	변경하여 진행하고 있다."	
10.5	'9.6	"시범단지(4개단지)는 총 7,725	
20.0	'22.3	세대로 재건축시, 선호도가 높은	
21.4	'21.2	브랜드 신축 대단지가 될 곳으로	
9.3	'22.3	기대감이 높다.	
11.9	'21.8	(양지마을과 파크타운을 다	
16.4	'22.6	합하면 총 7,244세대) "	
17.4	'22.4	"부동산 대세 조정장이 시작된 '22년에도	
18.3	'22.5	신고가 거래가 된 단지가 있으며,	
19.5	'21.9	금리 급등 시기에 매도자 사정이	
19.0	'20.12	급한 일부 매물들은 '22.12월~'23.	
22.0	'21.8	2월 사이에 급매로 거래되었다."	
19.0	'21.8		
20.5	'22.3	"서현동은 수내동 다음으로	
14.6	'08.1	선호하는 학군지로서, 실거주자들의	
20.0	'21.1	수요가 탄탄하다. 그래서 매매/전세	
7.0	'22.5	/월세 모두 거래가 잘된다."	
8.0	'22.5	"시범삼성한신과 시범한양은	
10.3	'21.6	서현역 초역세권 단지이며,	
12.5	'22.3	시범우성과 시범현대는 서현역과	
16.3	'22.4	조금 거리가 있긴 하지만 큰 평수	
14.8	'22.2	비율이 높고, 조경 관리가 잘 되어	
–	–	있어 쾌적한 느낌이든다."	
19.8	'22.4	"시범단지는 특히 다른 평수 보다,	
18.6	'22.3	32평 전세 거래가 가장 활발하다."	
21.0	'22.5		
–	–		
24.9	'22.5		

출처: 네이버 부동산 / 아실 / 스마트국토정보

무조건 따라가는
리모델링 단지 임장 동선

리모델링 추진 단지 현황

분당에서 리모델링을 추진하는 곳은 총 7개 단지로 이 중 사업계획 승인까지 난 곳은 5개 단지(매화마을 1단지, 느티마을 3~4단지, 한솔마을 5단지, 무지개마을 4단지)이며, 매화마을 2단지는 현재 1차 안전진단까지 통과한 상태입니다(2023년 4월 기준). 추가로 한솔마을 6단지는 성남시가 지원하는 '공동주택 리모델링 공공지원단지'에 선정되어 (21년 10월 19일) 조합설립 인가를 추진 중에 있습니다. (한솔마을 6단지 바로 앞 신기사거리는 성남2호선 트램 정차역으로 예정되어 있습니다.)

단지명		추진위원회 출범	① 조합설립 인가	② 1차 안전진단	③ 시공자 선정	④ 건축 심의	⑤ 도시계획 심의	⑦ 사업계획 승인	분담금 확정총회	⑧ 이주	⑩ 2차 안전진단	⑪ 착공	비고
야탑동	매화마을 1단지		'11.01	'15.12	'14.06	'22.03	'21.01	'22.05	'23.4	('23.8-)			• 시공사: 포스코
	매화마을 2단지			'21.05	'22.06								
정자동	느티마을 3단지		'14.12	'15.11	'18.06	'21.07	'18.03	'22.04	'22.12	~'23.8			• 시공사: 포스코
	느티마을 4단지		'14.12	'15.12	'18.06	'21.07	'18.03	'22.04	'23.1	('23.6-)			• 시공사: 포스코
	한솔마을 5단지		'10.09	'15.06	'16.12	'20.04	'17.10	'21.02	'21.12	(미정)			• 시공사: 쌍용&포스코
	한솔마을 6단지		(미정)										• 성남시 공동주택 리모델링 공공지원 단지 선정('21.10월)
구미동	무지개마을 4단지		'15.09	'16.07	'16.05	'20.08	'18.03	'21.04	'22.12	~'23.4			• 시공사: 포스코

분당 리모델링 추진 단지 현황

야탑동 리모델링 단지 임장 코스-매화마을

현장 스케치② 매화마을 공무원 1~2단지

임장순서	단지명 (단지정보)	면적	대지 지분 (평)	평단 지분가	실거래 현황				Gap	전세 가율
					매매		전세			
					금액	계약월	금액	계약월		
①	"매화마을 공무원 1단지 [562세대] 용적률 164%"	20평	11.5	0.71	8.2	'22.5	2.7	'23.2	5.5	33%
		24평	13.7	0.62	8.5	'22.5	4.3	'23.2	4.2	51%
		25평	13.9	0.67	9.3	'22.5	2.9	'23.2	6.3	32%
②	"매화마을 공무원 2단지 [1,185세대] 용적률 200%"	24평	11.7	0.73	8.5	'21.7	3.5	'23.1	5.0	41%
		26평	11.8	0.59	7.0	'23.1	3.2	'23.1	3.8	46%
		28평	13.5	0.67	9.0	'22.1	3.5	'23.1	5.5	39%
		29평	13.5	0.74	10.0	'21.9	4.0	'23.2	6.0	40%

이전 최고가		Gap	단지 모습
금액	계약월		
8.4	'22.5	"추가 분담금을 낼수없는 분들이 요즘 급매로 내 놓고 그외는…없다" "요즘 매매 거래가 안되니, 주인들은 매도 금액을 더 이상 낮추지 않고 전세나 반전세로 돌린 물건이 많다." "투자방법으로 속도가 빠른 리모델링단지를 지금 매수해서 완공때까지 보유 하고, 입주시 신축 아파트에 대한 수요가 높을때 매도하고 재건축 추진단지로 그때 갈아타는 방법이 있다." "야탑 장미마을, 매화마을은 판교 까지 자전거로 출퇴근이 가능한 위치이고, 상대적으로 가격 매력도 좋아 판교에 직장을 둔 젊은분들이 많이 거주하고 있다."	
9.5	'22.1		
9.7	'21.9		
8.5	'21.7		
9.8	'21.10		
10.0	'21.9		
10.0	'21.9		

출처: 네이버 부동산 / 아실 / 스마트국토정보

현장 스케치③ -느티마을 3~4단지, 한솔마을 5단지, 무지개 마을 4단지

| 임장순서 | 단지명 (단지정보) | 면적 | 대지지분 (평) | 평단지분가 | 실거래 현황 | | | | | |
| | | | | | 매매 | | 전세 | | Gap | 전세가율 |
					금액	계약월	금액	계약월		
①	느티마을 3단지 [770세대] 용적률 178%	25평	13.0	0.95	12.4	'22.6	3.2	'23.2	9.2	26%
		27평	15.0	0.95	14.2	'22.5	3.4	'22.12	10.9	24%
②	느티마을 4단지 [1,006세대] 용적률 180%	24평	12.7	0.92	11.7	'21.7	2.3	'23.1	9.4	20%
		25평	12.8	0.78	10.0	'22.12	3.2	'23.2	6.8	32%
		27평	14.5	0.90	13.0	'22.3	3.5	'22.12	9.5	27%
		28평	14.7	0.90	13.2	'22.3	3.0	'23.1	10.2	23%
③	한솔마을 5단지 [1,156세대] 용적률 170%	17평	8.9	0.67	6.0	'23.1	1.7	'23.2	4.3	28%
		19평	9.2	0.62	5.7	'22.10	1.9	'23.1	3.8	33%
		23평	11.6	0.69	8.0	'22.3	2.2	'23.2	5.8	28%
		30평	15.6	0.60	9.5	'21.12	2.1	'23.2	7.4	22%
		31평	15.6	0.54	8.5	'23.1	3.3	'23.2	5.2	39%
④	무지개마을 4단지 [536세대] 용적률 170%	20평	11.3	0.71	8.0	'21.5	2.6	'22.10	5.4	33%
		23평	13.1	0.41	5.3	'23.2	3.0	'22.10	2.3	56%
		24평	13.7	0.42	5.7	'23.1	3.7	'23.2	2.0	65%

정자역 → 분당탄천 → ❶ 느티마을 공무원3단지 → 성남신기초/상가 → ❷ 느티마을 공무원4단지 → 한솔고/한솔초 → ❸ 한솔마을 5단지 → 정자역 → 오리역 → 상가/탄천 → 무지개사거리 → ❹ 무지개마을 4단지

단위 : 억   '22년 신고가 ▉ 23.2.19 기준

이전 최고가		갭	단지 모습
금액	계약월		
13.0	'21.11	"한솔5단지보다 느티마을 3,4단지의 리모델링 속도가 빠르고 순조롭게 진행 중이다."	
14.5	'22.5		
11.7	'21.7	"리모델링 단지 갭 투자를 고려할때는 이주비, 분담금, 중도금 비용까지 고려하여 유리한 단지를 선택해야 한다."	
13.5	'22.3	"리모델링 단지는 수평 증축에 따른 세대 내 구조적 한계와 호수 재지정이 안 된다는 단점이 있지만, 신축에 빨리 거주하고 싶은 이들이 매수한다."	
14	'21.8		
14.5	'21.7	"한솔마을 5단지는 이주를 앞두고, 조합-조합원간 소송에서 조합이 패소하여 리모델링 진행이 멈춘 상태로, 2022년 3월 거래가 대비 약 23퍼센트까지 하락한 실망 매물이 나오고 있으나 거래가 되진 않는다."	
9.65	'21.9		
10.38	'21.9		
10.0	'21.10	"한솔마을 5단지는 리모델링 후 현 관리사무소 자리에 증축되는 별도동이 단지 안쪽이라 선호도가 높다."	
13.0	'21.3		
12.5	'22.4	"무지개마을 4단지는 2022년 9월 6일 정기총회에서 분담금을 확정하고 대출금 진행(계약금 10퍼센트, 잔금 90퍼센트) 관련 내용도 확정하여 진행 중이다."	
8.0	'21.5		
9.6	'21.10	"무지개마을 4단지는 조합-조합원간 소송에서는 조합이 승소하여 추가 절차 진행에 문제 없다. 2022년 12월부터 이주가 시작되고, 현재 분당에서 리모델링 진행 속도가 가장 빠르다."	
9.6	'21.8		

출처: 네이버 부동산 / 아실 / 스마트국토정보

부동산 임장 시 바로 써먹는
핵심 질문 리스트

☐ 재건축, 리모델링 이슈 단지별, 수요층의 차이, 임차인들의 거부반
응은 없나요?

☐ 작년, 올해 상반기와 비교해 전세, 반전세 또는 월세 선호도는 어
떤가요?

☐ 작년, 올해 상반기와 비교해 전세 임차인을 새로 구하는 데 어느
정도 소요되나요?

☐ 실거주자(매매/전세/월세)들의 직장은 주로 어디인가요? (강남, 판
교, 분당, 수원 등)

☐ 분당 학군으로 인한 주변 지역(수정구, 중원구, 수지, 광주 등)에서의
대기 입주 수요는 많은가요?

☐ 판교와 분당 사이에 부동산 수요의 차이는 어느 정도인가요?

☐ 판교 거주자 중에 (학군 때문에) 분당으로 이사 들어 오려는 문의나 실사례가 많은가요?

☐ 재건축 추진에 대한 실거주자들의 반응은 어떤가요?

☐ 리모델링 추진에 대한 실거주자들의 반응은 어떤가요?

☐ 재건축, 리모델링 추진으로 인한 투자자가 많은가요? 갈아타기 수요는 어떤가요?

☐ 지난 2년간 상승한 전세금으로 인해 주변 지역으로 떠나는 이들이 많은가요? 혹은 분당 내에서 작은 평수 또는 빌라 등으로 옮겨 가나요?

☐ 최근 1기 신도시 재건축 정책에 따른 주민들의 반응은 어떤가요?

현장 임장 후 분당에 대한 생각 정리

2022~2023년 2월 현재까지 전국 부동산 시장 가격이 하락 조정되는 상황에서도 분당은 재건축, 리모델링 이슈와 전국 상위권 학군지로서 전세가도 좋고 실수요가 탄탄함을 전국 매매가격 변동률 지표로도 확인할 수 있습니다.

1기 신도시 재건축 관련 부동산 정책이 발표될 때마다, 리모델링 추진 단지들보다는 역세권 주변과 통합 재건축 추진 단지들의 매수 문의와 거래가 지속적으로 증가하고 있음을 현장에서 확인할 수 있었습니다.

현장에서 확인한 급매물 유형은 ①다주택자 양도세 중과 유예 기간 내 양도세를 덜 내는 범위 내에서 급매로 던지는 경우, ②약 30퍼센트 정도 하락한 서울에 입성하기 위해 매도자는 약 20퍼센트 아래로 내놓는 경우, ③리모델링 추가 분담금이 부담스러워 던지는 경우, ④투자자들이 상대적으로 많이 진입한 일부 소형 평형의 매물 등으로, 분당 부동산 본연의 가치가 떨어진 것도 아니며, 전반적인 시세가 하락하는 분위기도 아닌 것을 확인했습니다.

분당은 '시범단지의 생활 편의성'과 '수내동의 학군', '판교의 양질의 일자리'로 인해 앞으로도 시세가 상승할 지역임을 현장에서 더욱 강하게 느낄 수 있었습니다.

리모델링 단지 매전갭(약 4.2억)은 재건축 단지 매전갭(약 4.5억)과 비교할 때 큰 메리트가 없어 투자 매력도는 낮지만, 빠른 시일 내에 신축을 원하는 실수요자들에게는 인기가 있을 것 같습니다.

💡 **매전갭이란?**

부동산 매매가격과 전세가격의 차이를 말한다. 부동산 취득 시 필요한 투자금을 대략적으로 확인하는 용도로 활용한다.

매전갭 = 매매가격 – 전세가격

단지 내 평형별 '실거래가'를 '대지지분'으로 나눈 '평단 지분가'를 살펴보면, 30평대 이하 평형은 약 1억 원, 40평대 이상 평형은 약 7천만 원 정도입니다. 재건축 호재를 고려하여 내 집 마련이 목표인 실수요자라면, '평단 지분가'가 낮고 '대지지분'이 많은 단지의 평형대를 먼저 살펴보면 좋을 것 같습니다.

분당 재건축 완성 시기는 앞으로 약 15년 이상 소요될 것으로 현장에서는 예상하고 있으니 부동산 장기 투자자라면, 매매가가 낮으면서 투자금이 적게 드는 소형 평형이 있는 단지들을 고려해보면 좋을 것 같습니다.

알아두면 좋은 자투리 정보 모음

신규 아파트명	청담 아이파크 (구 청담 청구)	청담 래미안로이뷰 (구 청담 두산)	대치 래미안하이스틴 (구 대치 우성2차)	개포 더샵트리에 (구 개포 우성9차)	송파 더플래티넘 (구 오금 아남)
사진	출처: naver부동산	출처: naver부동산	출처: naver부동산	출처: naver부동산	출처: 쌍용건설
준공연도 (구)	1993년 1월	1992년 2월	1984년 1월	1991년 1월	1992년 9월
리모델링 준공일	2014년 3월	2014년 1월	2014년 2월	2021년 11월	2024년 1월
세대수	108	177	354	232	328
지역	강남구 청담동	강남구 청담동	강남구 대치동	강남구 대치동	송파구 오금동
분담금 (추정)	2.7억	3억	2억 5천	4억	1.5억~3억

리모델링 성공 사례 (출처: 네이버 부동산)

구분	단지명	주거지역	세대당 평균대지지분	용적률
시범단지	삼성한신	제3종일반	19.5평	191%
	시범단지	제3종일반	17.4평	191%
	시범단지	제3종일반	20.3평	194%
	시범단지	제3종일반	15.4평	201%
	시범단지		18.15평	194%
양지마을	양지1금호	제3종일반	21.4평	215%
	양지마을	제3종일반	20.9평	214%
	양지마을	제3종일반	19.9평	215%
	양지마을	제3종일반	14.7평	157%
	양지마을	준주거지역	15.7평	236%
	양지마을		18.52평	207%
효자촌	동아	제3종일반	19.4평	187%
	효자촌	제3종일반	19.4평	186%
	효자촌	제3종일반	19.8평	185%
	효자촌	제3종일반	20.9평	174%
	효자촌		19.8평	183%
파크타운	대림	제3종일반	19.1평	211%
	파크타운	제3종일반	15평	211%
	파크타운	제3종일반	20.3평	211%
	파크타운	제3종일반	20.9평	211%
	파크타운		18.8평	211%
장미마을	현대	제3종일반	13.7평	214%
상록마을	우성	제3종일반	17평	218%

리모델링, 재건축 추진 단지 대지지분 및 용적률 (참고: 아실)

생활권(마을) 중심으로 본 부동산 흐름

분당 생활권은 크게는 지하철역을 중심으로 나뉘고, 그다음 ○○마을을 중심으로 이루어져 있으며, 각 마을 내 단지들은 입지가 비슷하기 때문에 부동산 시세도 비슷한 흐름이라고 볼 수 있습니다.

마을명	'22년 2분기 평균 가격(32평 기준)		
	매매(만원)	전세(만원)	전세가율
양지마을	162,625	79,993	49%
시범단지	162,250	73,683	45%
아름마을	160,200	56,327	35%
상록마을	150,875	65,758	44%
이매촌	145,750	65,538	45%
푸른마을	145,500	75,293	52%
까치마을	141,750	62,327	44%
한솔마을	134,875	57,697	43%
파크타운	132,000	71,844	54%
청솔마을	129,125	61,951	48%
효자촌	128,875	62,850	49%
샛별마을	128,833	60,004	47%
탑마을	128,000	57,349	45%
정든마을	126,942	65,083	51%
장미마을	122,167	60,016	49%
장안타운	115,000	58,333	51%
무지개마을	102,889	55,450	54%
목련마을	90,000	45,500	51%

마을별 2022년 2분기 평균 가격 (참고 : 국토교통부 실거래가)

분당 부동산 전·월세 거래 형태별 비율

분당 전·월세 월별 거래량은 월평균 비율과 비슷하지만, 이 중 전세는 얼마나 줄고, 반전세 비율은 얼마나 증가했는지 확인하기 위해 2020년 1월~2022년 9월까지의 실거래가를 분석해 보았습니다.

ⓐ전세: ▼8%p 감소(75% à 67%)

ⓑ반전세: ▲7%p 증가(16% à 23%)

ⓒ월세: ▲1%p 증가(9% à 10%)

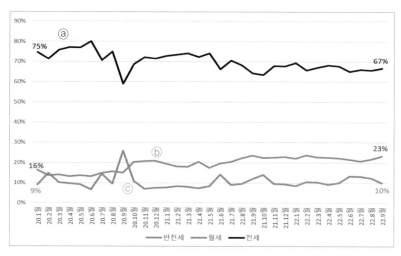

분당구 부동산 거래 형태별 비율

분당신도시 재건축 대장 vs 일산 신도시 재건축 대장

분당 재건축 추진 단지(시범단지, 양지마을) 32평 시세는 약 16억 원, 일산 재건축 추진 단지(강선마을, 후곡마을, 백송마을) 32평 시세는 약 6~8억 원입니다. 매매가 기준으로, 일산 신도시의 시세는 분당신도시의 약 38~50퍼센트 수준이므로 가격만 봤을 때는 일산 재건축 단지의 투자 매력도가 높아 보입니다.

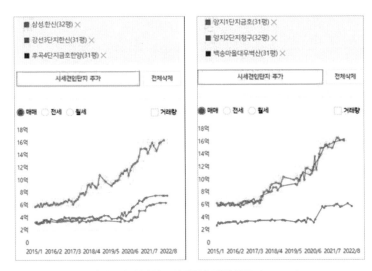

분당신도시, 일산신도시 재건축 대장 비교 (출처 : 아실)

분당 재건축 이후 시세는 얼마일까?
- 분당 재건축 대장 vs 판교신도시 대장

분당 재건축 추진 단지들이 신축 단지가 되었을 때 어느 정도의 시
세를 형성할지 판교 신도시의 대장(판교푸르지오그랑블, 12년 차)과 비교
하여 시세 예측과 투자 효율성을 따져보았습니다.

만약 실거주를 고려하지 않은 투자자가 양지마을 금호 3단지, 한양

5단지 아파트 38평을 갭투자 한다고 가정해보면, 투자금은 세금을 포함하여 약 10억 원이 필요합니다. 재건축 이후 이 아파트의 시세를 다소 보수적인 관점에서 예측해보면 '판교푸르지오그랑블'의 현재 가격인 약 25억 원 수준이거나, 현재 가격에서 10% 추가 상승을 가정해서 약 27.5억 원 정도가 될 것입니다.

이 경우 투자금 대비 수익률은 약 100퍼센트 정도가 되지만, 투자금 10억 원을 최소 10년 이상 묶어 두어야 한다는 것을 감안하면, 투자 기간 대비 수익률은 많이 커 보이진 않습니다.

그러므로, 분당 재건축 투자는 갭투자 보다는 실거주+장기투자 관점으로 접근이 필요해 보입니다(해당 지역 거주자 이외에 다른 지역에 거주하는 외지인들의 매입 거래도 실제로 적습니다).

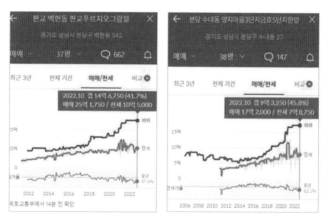

판교신도시 대장과 분당신도시 대장 비교(출처: 호갱노노 2022년 10월 기준)

2장

무한한 도약은 무죄, 일산

— 희아

보고서 장점

두 자릿수의 투자 물건을 운용하는 실전 투자자의 눈으로 지역을 분석했기에 수익을 내기 위한 정보가 가득한 임장보고서입니다. 투자자가 주로 보는 요소는 어떤 것인지, 어디까지 깊이 있게 봐야 하는지 알 수 있고, 자료를 다양하게 어디서 찾아오고, 정리해서 어떤 전략으로 언제 사야 할지, 언제 팔아야 할지에 대한 고민도 담겨 있습니다. 투자자의 눈이 필요하신 분들에게 많은 도움이 되리라 생각됩니다. 또한 다른 1기 신도시 지역과 다르게 호재가 많고 변화가 기대되는 지역으로 미래의 가치를 생각해 볼 수 있도록 호재와 리모델링, 재건축을 아우르는 보물 같은 자료들이 빵빵하게 잘 정리되어 있습니다.

챙겨볼 포인트

이 지역을 왜 봐야 하는지, 어떤 것들을 챙겨봐야 하는지에 대한 지역 분석의 개요가 잘 짜여 있으니 투자자의 생각과 눈을 따라간다고 생각하고 보시면 좋을 것 같습니다. 기존에 내가 지역을 보던 것과 어떤 차이가 있는지 비교해서 본다면 자신의 부족한 점을 채울 수 있는 좋은 시간이 될 것입니다. 보고서에 정리된 통합재건축, 일반재건축 단지들과, 리모델링 단지들, GTX 호재에 영향을 받는 단지들이 잘 정리되어 있어 따로 시간을 내 조사하지 않고도 관심 있는 단지만 쏙쏙 임장을 다녀올 수 있습니다.

그리고 현장 조사 시 놓치지 말아야 할 시기별, 정책 영향별, 투자에 필요한 핵심 질문을 Q&A 형식으로 정리해 두었으니 같은 질문을 해보면서 내가 듣게 되는 정보의 질과 양을 가늠해 본다면 더욱 재미난 임장이 될 것입니다.

왜 일산을
주목해야 하는가?

1. 가장 낮은 매매평당가

아래 차트에서 볼 수 있듯이 일산은 다른 1기 신도시 대비 매매평당가 상승 폭이 적었고, 다른 1기 신도시와의 매가 상승 폭은 더 벌어진 상태입니다. 2023년 3월 기준 매매평당가를 살펴보면, 성남시 분당구 4,805만 원, 안양시 2,927만 원, 군포시 2,309만 원, 부천시 2,249만원, 일산동구 2,245만 원, 일산서구 2,001만 원입니다. 특히, 일산 동구의 경우 과거에는 6개 지역 중 주로 3위를 차지했는데, 현재는 군포시, 부천시에 밀려 5위에 위치하게 되었습니다.

반대로 향후 일산의 교통 편의성이 증대되고 일자리가 확충되면, 그

동안 매가 상승 폭이 적었던 만큼 큰 폭으로 가격상승을 기대해 볼 수 있습니다.

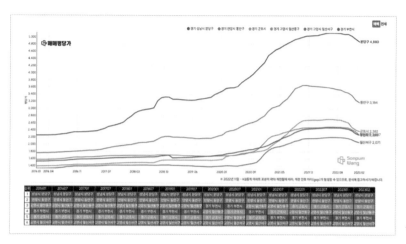

1기 신도시 매매평당가 비교 (출처: 손품왕, 2023년 3월 기준)

2. 가장 낮은 용적률

일산 용적률은 169%로, 1기 신도시 중에 용적률이 가장 낮아 재건축 시 사업성이 높습니다. 가구수와 인구수도 분당 다음으로 많기 때문에 그만큼 주요 수요층도 탄탄하다고 볼 수 있습니다.

	분당	일산	평촌	산본	중동
위치	경기 성남시 분당구 일대	고양시 일산구 일대	안양시 동안구 일대	군포시 산본동, 안양시 안양동 일대	부천시 중구 남구 일대
가구수	9만 7,600가구	6만 9,000가구	4만 2,000가구	4만 2,000가구	4만 1,400가구
계획인구	39만 명	27만 6,000명	16만 8,000명	16만 8,000명	16만 6,000명
용적률	184%	169%	204%	205%	226%

1기 신도시 개요 및 용적률 (출처: 국토교통부)

3. 뛰어난 학군과 학원가

주요 학군지와 학원가(백마, 후곡)를 중심으로 실거주 만족도가 높고, 학군지를 찾아오는 수요로 세입자를 구하기가 유리합니다. 또한 거래량이 상대적으로 많은 편이어서 매도 시에도 유리합니다.

1) 일산서구 학군&학원가

(출처 : 아실)

2) 일산동구 학군&학원가

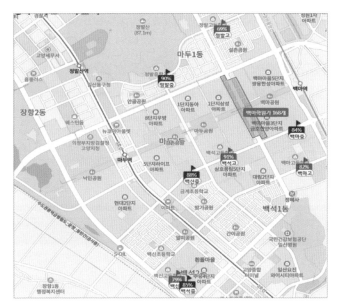

(출처 : 아실)

3) 일산 서구·동구 학업성취도

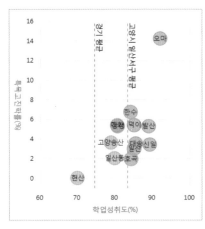

일산서구 특목고 진학률 (출처 : 아실)

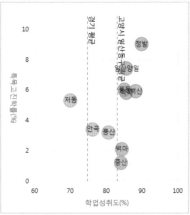

일산동구 특목고 진학률 (출처 : 아실)

순위	위치	학교명	응시자수	국가수준 학업성취도 평가 (보통학력이상)				진학률		
				평균	국어	영어	수학	특목고 진학율	특목고 진학수 (과학고/외고국제고)	졸업자수
1	고양시 일산서구	오마중학교	450명	92.0%	96.4%	92.2%	87.6%	14.2%	49명 (7명/42명)	345명
2	고양시일산서구 일산동	신일중학교	387명	89.3%	95.3%	87.6%	85.0%	3.4%	10명 (1명/9명)	289명
3	고양시일산서구 주엽동	발산중학교	385명	89.0%	94.8%	90.1%	82.1%	5.3%	14명 (1명/13명)	261명
4	고양시일산서구 대화동	대송중학교	230명	85.6%	93.0%	86.5%	77.4%	3.5%	7명 (0명/7명)	200명
5	고양시일산서구 덕이동	덕이중학교	221명	85.2%	95.0%	82.8%	77.8%	5.4%	13명 (0명/13명)	237명

일산서구 학업성취도 평가 (출처: 호갱노노 2023년 3월 기준)

순위	위치	학교명	응시자수	국가수준 학업성취도 평가 (보통학력이상)				진학률		
				평균	국어	영어	수학	특목고 진학율	특목고 진학수 (과학고/외고국제고)	졸업자수
1	고양시일산동구 마두동	정발중학교	389명	89.7%	94.3%	91.8%	83.0%	9.0%	28명 (0명/28명)	311명
2	고양시일산동구 마두동	백신중학교	391명	88.1%	93.6%	88.7%	82.1%	5.9%	15명 (0명/15명)	251명
3	고양시일산동구 식사동	일산양일중학교	309명	85.5%	91.2%	85.5%	80.0%	7.4%	28명 (1명/27명)	376명
4	고양시일산동구 백석동	백석중학교	215명	85.4%	95.3%	82.8%	78.1%	5.8%	11명 (3명/8명)	187명
5	고양시일산동구 풍동	풍동중학교	310명	84.9%	92.6%	83.6%	78.7%	6.0%	13명 (0명/13명)	214명

일산동구 학업성취도 평가 (출처: 호갱노노 2023년 3월 기준)

4. 호재

1) 교통 호재

노선명	진행 상태	구간	현황	발표 주제
GTX-A(킨텍스, 대곡, 창릉)	공사 중	운정~동탄	23년 말 개통	국토부
서해선 일산역 연장	공사 중	일산~대곡	23년 1월	국토부
지하철 3호선 파주 연장	추진 중	대화~파주 금릉	민자 적격성 심사 진행	
인천2호선 일산 연장	중장기 추진 검토	인천서구~일산 서구	인천 검단구간 예타 진행	

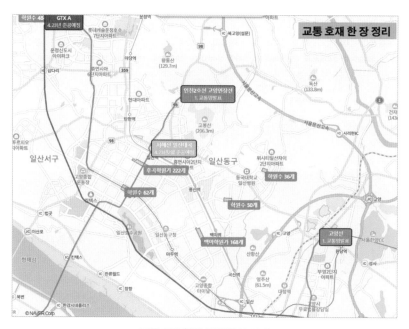

교통 호재 한 장 정리 (출처: 아실)

① GTX-A(킨텍스, 대곡, 창릉)

- 2024년 상반기 동탄~수서, 2024년 하반기 파주 운정~서울역, 2028년 전 구간 개통을 목표로 하고 있습니다. (운정~동탄)

- 효과: GTX-A 이용 시 운정~서울역 약 18분, 일산 킨텍스~삼성역 약 20분 소요가 예상됩니다. 주요 업무지구(강남)로 통근 시간이 대폭 단축됨으로써 일자리 배후 수요 진입도 기대할 수 있습니다.

② **서해선 일산역 연장**(대곡소사선)

- 현재 소사역에서 단절된 수도권 전철 서해선을 북쪽으로 연장하여 '소사역~대곡역'을 잇는 노선으로 2023년 6월 개통을 목표로 하고 있습니다.
- 김포공항역 (5호선, 9호선, 공항철도, 김포골드라인 환승 가능)
- 부천종합운동장역(7호선 환승 가능)
- 소사역(1호선 환승 가능)
- 효과: 경기도 서쪽 세로축을 연결하는 서해선(안산~시흥~부천)이 일산과 직접적으로 연결됨으로써, 서울 강서구 생활권을 편입시키는 효과가 기대됩니다. 또한 주요 업무지구(마곡, 여의도, 가산디

지털단지)로 접근성이 향상되어 출퇴근 수요층이 확대될 수 있습니다.

③ 인천2호선 일산 연장(인천서구~일산서구)

- 2021년에 발표된 제4차 국가철도망 구축계획에 포함된 사업으로 기존의 인천2호선에 '독정역~일산신도시' 지선으로 연장하는 노선입니다.

- 2022년 12월 예비 타당성 조사에 탈락 후 23년 상반기 재신청 계획 중입니다.

- 효과: 완공 시 검단신도시, 김포한강신도시, 일산신도시를 연결함으로써 경기 서북부 교통 편의성이 증대될 예정입니다.

④ 고양~양재 고속도로

- 고양~양재까지 총 33.5km를 연결하는 대심도 지하 고속도로 사업입니다.

- 2022년 12월 한국개발연구원(KDI)의 민간 적격성 조사를 통과했

습니다.

- 2024년 8월부터 사업자 선정 후 실시설계가 가능하고, 2026년 착공이 목표입니다.

- 효과: 완공 시 상습 정체 구간인 일산 장항IC에서 서울 양재IC까지 소요 시간이 84분에서 약 40분 정도로 대폭 단축되면서 강남으로의 접근성이 크게 개선됩니다.

2) 일자리 호재

한눈에 살피는 일산 일자리 호재 지도 (출처: 네이버 지도)

① 일산 테크노밸리

일산테크노밸리	2021년 착공 / 2024년 준공(예정)
	사업비 총 8,493억 원, 약 87만㎡(약 26만 평)
	바이오/메디컬, 미디어/콘텐츠, 첨단, 지식 기반 산업
	경제적 파급 효과 3조 5천억 원, 고용효과 5만 6천 명 예상

② CJ라이브시티

CJ 라이브시티	2024년 준공 목표
	사업비 총 1조 8,000억 원, 30만 2,000㎡ 규모
	테마파크, 체험형 스튜디오, 상업시설, 최첨단 공연장, 호텔 조성
	향후 10년간 11만 개 고용창출, 16조 원 생산유발효과

③ 방송영상 밸리

방송영상밸리	2022년 2월 기반 시설 착공, 2026년 중순에 준공 예정
	일산동구 장항동 일원 약 2만여 평에 조성
	사업비 총 6,738억 원, 경기도와 경기도시공사에서 시행
	방송, 영상, 문화 기능을 연계한 특화단지 조성 예정

④ 킨텍스 제3전시장

킨텍스3전시장	2022년 10월 기반 시설 착공, 2025년 10월에 준공 예정
	전시면적 7만㎡, 연면적 29만 3,735㎡
	총 사업비 4,853억 원
	완공 시 킨텍스는 17만 8,566㎡의 전시면적을 보유하게 되어 세계 27위

임장 전 필수체크

1. 고양시 개요

- 인구수: 107만 9천 명 (수도권 9위), 면적: 268.10㎢
- 경기 서북부에 위치 (북쪽으로 파주시, 남쪽으로 김포시, 동쪽으로 서울시 은평구, 양주시와 접함)
- 행정구역 현황: 3개구(일산서구, 일산동구, 덕양구) 44개동(2022년 11월 기준)
- 1기 신도시인 일산 신도시와 행신, 화정, 신규 택지지구로 구성된 도시, 3기 신도시 창릉지구 조성 예정
- GTX-A, 대곡소사선, 인천 2호선, 고양선 등 신규 노선이 예정

- 전입 TOP3 지역: 서울 은평구, 서울 강서구, 서울 마포구 – 전출 TOP3 지역: 경기 파주시, 김포시, 화성시
- 수요·입주: 22년에 입주량 과잉, 23~26년까지 수요대비 입주량 부족
- 미분양: 준공 전 미분양 없음, 준공 후 미분양 113세대

* 일산 신도시

- 1993년부터 입주를 시작하여 현재 30년 차 전후의 구축아파트가 대다수임
- 주로 3호선과 경의중앙선, 자유로~강변북로, 올림픽대로를 교통편으로 이용함
- 오마초·중, 정발초·중, 후곡 학원가, 백마 학원가 등 우수한 교육환경을 갖춤
- 대곡 역세권 개발, JDS지구 개발, 한류월드, 일산 테크노밸리 등 개발 예정

(출처: 부동산지인)

(출처: 부동산지인)

2. 주요 단지

(출처: 호갱노노)

1) 통합재건축 추진 단지

통합 재건축 추진단지	일산서구	일산동구
참여단지	후곡마을 3·4·10·15단지	강촌 1·2단지, 백마 1·2단지
총 가구수	2,400여 가구	2,906여 가구
평균 용적률, 대지지분	181%, 18.3평	186%, 22.6평
진행단계	추진위 발족	주민설명회 개최

① 일산서구

통합재건축 대표단지로는 후곡마을 현대 3단지, 금호한양 4단지, 동아서안임광 10단지, 건영 15단지가 있습니다. 총 가구수 2,400여 가구, 평균 용적률 181%, 평균 대지지분 18.3평입니다. 현재 일산 최초로 통합재건축 추진위가 발족된 상태입니다.

② 일산동구

일산동구의 경우 강촌마을 1, 2단지, 백마 1, 2단지가 통합재건축 대표단지입니다. 총 2,906가구이며 32평 이상의 중대형 평형으로만 구성되어 있어 평균 대지지분이 22.6평으로 높은 편입니다. 또한 4개 단지의 개별 가구 대지지분이나 평수가 유사하여 통합재건축 추진에 합의 과정이 상대적으로 수월할 것으로 예상됩니다.

2022년 9월 30일 예비안전진단 신청을 완료했고, 평균 용적률 186%로 재건축 추진 시 약 4,500여 가구로 증가할 것으로 보입니다.

2) 리모델링 추진 단지

리모델링 추진 단지	준공	가구수	용적률	진행단계
문촌마을 16단지 뉴삼익	1994년	956	182%	리모델링 조합 결성 후 2022년 8월, 시공사(포스코 건설) 선정
강선마을 14단지 두산	1994년	792	182%	2022년 5월, 조합설립인가 완료 2022년 9월, 리모델링 1차 안전진단 용역발주
강선마을 12단지 두진	1994년	309	173%	추진위원회(경기도 리모델링 자문시범사업 단지 선정)
후곡마을 11, 12단지	1995년	1554	164%	리모델링 추진위원회 단계

참고: 땅집고

① 문촌마을 16단지 뉴삼익

리모델링 조합 결성 후 2022년 8월 시공사로 포스코를 선정했습니다. 현재 지하 1층, 지상 20층인 956가구를 수평·별동 리모델링을 통해 1,099가구로 탈바꿈할 계획입니다. 지하 1층까지였던 주차장을 지하 3층으로 증축해 주차 공간을 확보하고, 기존 지상 주차장은 없애고 공원화할 계획입니다.

②강선마을 14단지 두산

2023년 1월, 우선협상 대상자인 현대건설을 최종 시공사로 선정했습니다. 현재 9개동의 지하 1층과 최고 25층인 792가구를 수평·별동 리모델링을 통해 지하 공간을 3층까지 늘리고 최고 29층으로 증축하여 902가구로 증가시킨다는 계획입니다.

③강선마을 12단지 두진

21년 10월 추진위원회를 통해 경기도 리모델링 자문시범사업단지로 선정된 후 리모델링 조합 설립 준비 중입니다.

3) 재건축 추진 단지

① 백송마을 5단지

일산동구 백송마을 5단지는 2022년 7월 재건축을 위한 주민 동의율 67%를 초과한 상황입니다. 2022년 9월 19일 예비안전진단을 신청했고, 같은 해 10월 고양시 예비안전진단 시행했으나 예비진단에서 탈락했습니다.

이 아파트는 1992년 8월 준공된 단지로써, 지상 최대 15층, 12개 동, 786가구(전용면적 73~104㎡)가 입주해 있습니다. 현재 용적률을 164%로 종상향을 통해 280% 용적률 적용 시 1,500가구 이상 수용할 수 있을 것으로 전망됩니다.

4) 주요 학군지 주변 단지

① 일산서구

학부모 선호도가 높은 오마초등학교와 오마 학원가 주변 단지로는 문촌마을 1~3단지, 후곡마을 7~9단지가 있습니다.

② 일산동구

일산동구 우수학군으로는 정발초등학교, 정발중학교, 백석고등학교 그리고 백마학원가가 있습니다. 이 학군지 주변 단지로는 강촌 1, 2단지와 백마 1, 2단지가 있습니다.

5) 역세권 단지

① 3호선 주엽역 초역세권 단지

강선마을 7, 14단지, 문촌마을 9, 16단지가 있습니다.

② GTX 킨텍스역 인근 단지

신설 예정인 GTX-A 킨텍스역 도보 생활권(반경 800m 이내)이 가능한 단지로는 문촌마을 14~19단지와 주변 신축단(포레나킨텍스, 킨텍스 원시티 M2, M3블럭)이 있습니다.

③ 경의중앙선 초역세권 단지

일산역 근처의 후곡마을 단지들, 백마역 근처의 백마마을이 있습니다.

6) 일산서구 단지 분석

① 용적률, 대지지분 단지 차트

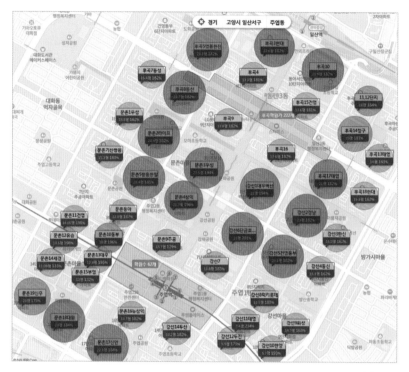

출처 : 아실

② 매물가격

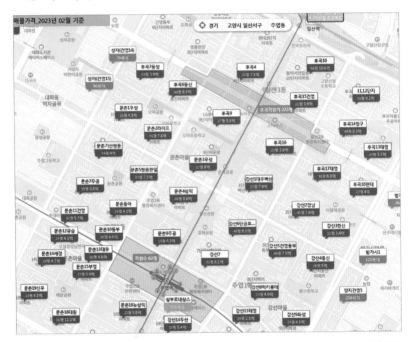

출처 : 아실

③ 매매전세갭

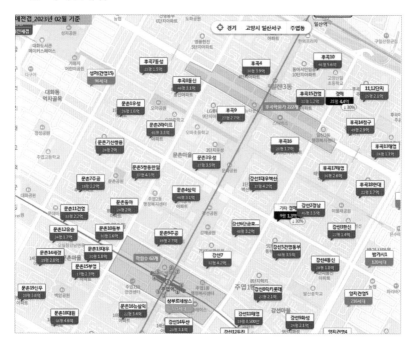

출처 : 아실

임장 실전에 나서다

1. 임장 목적 세우기

- 1차 임장 목적(2022년 9월): 임장 지역의 전반적인 입지, 생활권, 수요층 파악하기
- 2차 임장 목적(2023년 2월): 새로운 정책 발표에 따른 현장 분위기 변화 파악하기

2. 임장 포인트 고민하기

- 주요 임장 단지 선정: 통합재건축·리모델링 단지, 학군 단지, 역세권 단지
- 현장 분위기 파악: 매매·전세 동향, 급매 출현 여부, 교통 호재에

따른 기대 심리 등

- 마을별 선호도와 그 이유 파악

- 지역별 가격 리딩 단지와 그 이유 파악

3. 임장 동선

1) 일산서구 추천 임장 동선 및 포인트

- 3호선 주엽역 인근(역세권, 리모델링 진행 단지)

- 킨텍스역 인근(신축 및 매매가격 대장 단지)

- 오마초, 오마중 인근(학군지 단지)

- 일산역 인근(교통 호재, 통합재건축 진행 단지)

- 후곡 학원가(분당, 평촌 학원가와 규모 및 분위기 비교)

- 중앙공원라인(실거주 선호도가 높은 단지)

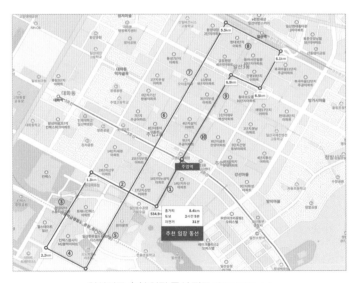

일산서구 추천 임장 동선 지도 (출처: 호갱노노)

2) 실제 임장 동선 기록

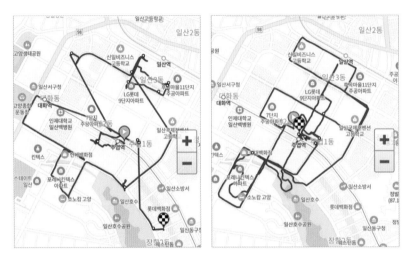

(*해당 이미지는 저자가 임장 시 '램블러' 앱을 이용하여 움직인 동선을 기록한 것입니다.)

- 1차 임장 동선(왼쪽): 일산서구 지역에 대한 마을별 입지와 생활권 파악
- 2차 임장 동선(오른쪽): 신규 정책 변화에 따른 주요 단지 흐름과 현장 분위기 파악

4. 임장 질문 리스트 & 현장 답변(Q&A)

사전에 준비해 간 질문을 통해 현장 분위기를 파악해 보겠습니다. '#1차 임장 후 Q&A'와 '#2차 임장 후 현장 분위기 Q&A'로 나누어 살펴보도록 하겠습니다.

(부동산 방문 시 수집한 내용과 뉴스를 바탕으로 정리된 내용입니다)

Q1. 문촌 16단지 리모델링 기대 심리는 어떠한가?

A. 리모델링을 기대하는 주민들도 많고, 시공사로는 포스코 건설이 선정되었습니다. 아직 안전진단, 추가 분담금은 확정 전입니다. 이와 달리 고금리, 추가 분담금에 대한 우려로 리모델링을 반대하는 현수막도 볼 수 있습니다.

22년 9월 26평형, 8억 1천만 원의 신고가 거래는 호수 공원뷰, 올리모델링 상태의 로열층, 로열동을 실거주 목적으로 매수한 경우로 좋은 조건에 의한 평균 거래가 대비 높은 가격이라고 볼 수 있습니다.

1차 임장 후 언론에 보도된 문촌 16단지 소식을 추가하면 다음과 같습니다. 작년 포스코 건설로 시공사를 최종 선정한 후, 23년 2월 안전진단을 착수해 현재는 진행 중입니다. 안전진단 통과 이후에는 건축심의를 준비하고, 건축심의 통과 시 행위허가동의서를 징구할 예정이라고 합니다.

뉴스에 따르면, 23년 2월 7일에 발표된 「1기신도시특별법」(노후계획도시 정비 및 지원에 관한 특별법)으로 재건축 요건이 완화되어 리모델링과 재건축을 각각 주장하는 주민 간 이견이 생겨 분위기가 혼란스럽다고 합니다.

Q2. 2021년 9월 이후, 22년 5월 이후, 그리고 9월 이후 현장 분위기는 어떠한가?

A. 21년 9월 이후, 수도권 대부분의 지역에서 하락장이 시작했지만, 일산은 상대적으로 하락 폭이 크지 않았다고 생각합니다. 수도권의 타 지역은 2021년 9월이후 꾸준히 매가가 하락하면서 거래량도 줄었습니다. 반면 일산은 22년 3월~5월(대선전) 재건축 기대감으로 단기적으로 거래량이 늘기도 하였습니다. 하지만 5월 이후로는 전·월세만 거래되며 매매거래량은 미미한 수준입니다.

Q3. 2022년 9월 전세 거래 분위기는?

A. 2022년 7월에 임장했을 때보다 전세 거래가 조금은 더 살아난 분위기입니다. 그러나 고금리로 인해 반전세로 갈아타는 수요가 여전히 많습니다. 예를 들어, 월세 수익률이 연 4% 정도인데 현재 전세자금 대출 금리가 이보다 높아 반전세가 임차인 입장에서 오히려 이득이기 때문입니다. 보통 학군지 주변 단지의 경우 겨울방학 12월쯤 이사를 많이 오기 때문에 7월보다 전세 거래가 조금 더 증가하였습니다.

Q4. 후곡마을 통합재건축 분위기는? (후곡 3, 4, 10, 15단지)

A. 임장 전 호갱노노로 시세를 확인했을 때, 다른 단지에 비해 통합재건축 이슈가 있는 단지들은 매매가 하락 폭이 적었습니다. 그 이유는 후곡마을 통합재건축은 추진위 출범 준비단계로 초기입니다만, 소

유주들의 재건축에 대한 의지가 강하고, 재건축 진행 과정에서의 가격 상승에 대한 기대감이 강하기 때문입니다. 또한 일산역과 가까워 출퇴근이 용이해 실거주 만족도도 높다고 합니다.

통합재건축 해당 단지 소유주들은 일부 경우를 제외하고, 가격을 큰 폭으로 할인해서 매도하고자 하는 의지가 별로 없습니다. 재건축 이슈로 장기 보유하면 이득일 것이라는 생각이 지배적이기 때문입니다. 반대로 매수자들은 부동산 하락장 분위기 속에서 가격이 더 내려갈 것으로 기대해 매수자와 매도자 사이의 희망 가격이 합의에 이르지 못하고 있습니다.

Q5. 서해선 일산역 연장 및 개통(23년 6월)과 관련된 기대 심리는?

A. 교통 호재는 보통 발표 시에 가격에 가장 크게 반영되고, 개통 시에는 반영 정도가 미미합니다. 하지만 서해선 개통 호재가 가격상승을 이끌지는 못해도 가격 방어의 역할은 할 수 있을 것으로 기대합니다.

Q6. 재건축이나 리모델링 대표단지로 모니터링해야 하는 단지는?

A. 후곡마을 통합재건축 단지: 35평형 10단지 동아서안임광 / 23평형 15단지 건영 일산동구 통합재건축 단지: 강촌 1, 2단지, 백마 1, 2단지 주엽역 인근 리모델링 단지: 문촌마을 16단지 / 강선 14단지

Q7. 급매, 초급매 분위기는?

A. 분당 및 1기 신도시 타 지역들과 마찬가지로 세금 이슈(일시적 1 가구 2주택 비과세/ 양도세 일시적 중과 완화 정책)로 인한 급매가 출현할 것으로 보입니다. 단지별 1~2개 정도의 초급매 물건이 있고, 부동산 소장님들이 매력적이라고 평가하는 초급매 가격은 30평대 매가가 20평대 매가와 비슷한 경우입니다.

Q8. 오마초, 오마중 학군 단지 분위기는?

A. 오마초·중을 중심으로 하는 학군 단지로는 6개 단지(후곡 7, 8, 9 단지 & 문촌 1, 2, 3단지)가 있습니다. 크게 대형 평수(방 4개, 38평 이상) 3 개 단지, 소형평수 3개 단지로 구분됩니다. 6개 단지 중 선호도가 가장 높고 전세 거래가 가장 활발한 단지는 후곡 9단지 LG롯데입니다. 평형 구성은 20, 27, 31평형으로 구성되어 있습니다.

오마중을 보내려는 학부모는 지방에서 이사 오는 경우도 있습니다. 오마중은 100% 근거리 배정이 아니고 '근거리단지 + 3년 근거리 전입 기록 + 추첨제'이므로 오마중을 배정받고 싶으면 저학년 때 이사 오는 것이 확률적으로 안전합니다. 최근 신일중 선호도가 올라가면서 주변 단지 선호도도 올라갔지만, 학부모들 사이에서는 여전히 오마초·중에 대한 평판이 더 좋은 편입니다.

#2차 임장(2023년 2월) Q&A

Q1. 1·3대책 전후 분위기 차이가 있는가?

A. 1·3 대책으로 서울 강남, 서초, 송파, 용산을 제외한 지역이 규제 지역에서 해제되면서 분양권 처분 조건, 세금 문제로 급매 나왔던 물건들이 현저히 줄었습니다. 현재는 매도자와 매수자 사이의 적정가격에 대한 차이로 거래가 잘 일어나지 않고 있습니다.

2022년 12월까지 급매 물건 거래가 많이 되었고, 1·3 대책 이후 세금 이슈나 처분 조건의 급매 물건들이 거둬들여지면서 거래 가능한 매물이 많이 줄었습니다. 전세가율이 높아 작년에 투자자들이 많이 진입했던 단지의 경우, 현재 역전세를 감당하지 못한 투자자의 전세 낀 매물이 초급매 가격으로 몇 개 있기도 합니다.

ex) 후곡 롯데 9단지 27평형 가격 비교 (단위: 만 원)

27평형	급매가	매매가	전세가
2022년 10월	59,000~60,000	62,000~68,000	35,000~43,000
2023년 02월	47,000~50,000	55,000~64,000	26,000~35,000

최근 후곡 롯데 9단지의 경우, 전세 거래는 작년 하반기부터 꾸준히 되고 있습니다. 다만 학군지 단지여서 개학 전(3월)까지 전세를 맞추려는 임대인이 22년 12월까지 가격을 버티다가 1월부터 전세가를 10% 낮춰서 거래되고 있습니다. 후곡 9단지는 오마초·중 학군지를 선

호하는 수요로 인해 신일초교 배정받는 동일 평형 14단지보다 전세가 5,000만 원 정도 높습니다.

Q2. 「노후계획도시 정비 및 지원에 관한 특별법」 발표 후 분위기 차이가 있는가?

A. 일산서구, 동구 각각의 통합재건축 단지들의 「노후계획도시특별법」에 대한 기대감은 예상보다 크지 않습니다. 오히려 1기 신도시 재건축에 대한 기대감은 2022년 3~5월 사이가 더 높았던 것 같습니다. 통합재건축 단지로만 특별법 발표 이후 투자자 문의는 많은 편입니다.

Q3. 일산 부동산 시장의 전반적인 분위기는?

A. 급매는 지난 2022년 12월에 많이 거래되었습니다. 현재 매도자는 초급매 가격에 던질 생각이 별로 없고, 실수요 매수자는 부동산 하락장이 지속될 거 같다는 분위기에 매수에 관심을 보이지 않는 상황입니다.

Q4. 공인중개사무소의 공통 의견은?

A. 하락장 분위기지만 실거주자라면 안전마진이 확보된 초급매 매수는 괜찮다고 판단합니다. 지금은 외곽 단지를 고려할 때가 아니라 중앙공원에서 가깝고 역 주변의 핵심 입지의 단지만 봐야 합니다. 그중에서도 충분히 급매로 매력적인 가격을 찾을 수 있습니다.

1기 신도시 특성상 리모델링이나 재건축 사업에 의한 가격상승을 기대해 볼 수 있는데 상대적으로 소요 기간이 짧은 리모델링 단지를 투자한 후, 그 수익을 활용해 장기적인 관점에서 재건축 단지로 갈아타는 투자 방식도 추천합니다.

임장 후 데이터 분석으로 더하는 임장 내공

1. 일산서구 대표단지 데이터 비교

〈학군 단지, 일산역 역세권+통합재건축 단지〉

- 31평: 후곡 9단지 LG롯데, 후곡 15단지 건영
- 37평: 문촌 3단지 우성, 후곡 10단지 동아서안임광

1) 아파트 기본 정보 분석(2023년 3월 기준)

아파트명	후곡9단지LG롯데	후곡10단지동아서안	문촌3단지우성	후곡15단지건영
실거래 차트				
매물 차트 (최근 2년)				
지역	경기 고양시 일산서구	경기 고양시 일산서구	경기 고양시 일산서구	경기 고양시 일산서구
입주년월(년식)	1994.11. (29년차)	1995.03. (28년차)	1994.05. (29년차)	1994.06. (29년차)
세대수	936세대	516세대	504세대	766세대
최저/최고층	15/23층	15/23층	14/26층	14/20층
주차비율	0.9대	1.9대	1.6대	0.8대
용적률	182%	182%	194%	181%
건폐율	15%	15%	18%	17%
건설사	수도배관(공용배관)..	동아건설산업(주)	(주)우성건설	(주)건영
지하철(m)	689m	222m	635m	401m
마트(m)	85m	290m	347m	101m
학교(m)	147m	185m	156m	201m
초등학교	-	-	-	-
대상 평형	84.63,84.85(전용)	101.24(전용)	101.98(전용)	84.9(전용)
매매가(매물)	6.0억~8.9억 (9건)	7.5억~7.5억 (1건)	7.2억~9.3억 (6건)	6.1억~7.9억 (8건)
전세가(매물)	3.5억~5.3억 (14건)	4.6억~4.6억 (1건)	4.0억~5.0억 (9건)	3.5억~4.2억 (6건)
전세가율(매물)	46~88%	-	43~69%	44~69%
갭평균(매물)	30,500만원	-	37,500만원	31,500만원
매매가(KB)	6.0~7.0억	7.0~7.8억	6.9~7.4억	5.8~6.6억
전세가(KB)	4.0~4.8억	4.2~4.7억	4.0~4.6억	3.8~4.3억
월세(KB)	5000 / 145~160	-	-	5000 / 120~130
전세가율(KB)	66~67%	59~59%	57~62%	64~64%
갭평균(KB)	21,500만원	30,200만원	28,500만원	22,000만원

출처 : 손품왕

2) 매매가 비교(2021년 3월~2023년 3월)

① KB 매매시세(상위 평균가 기준)

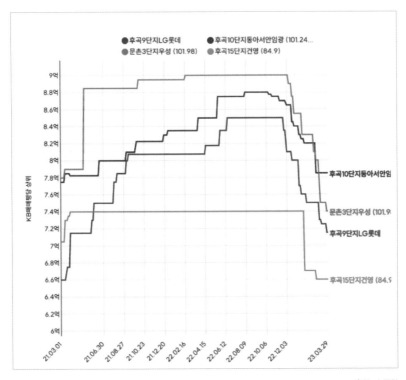

출처 : 손품왕

② 매매가 상승률

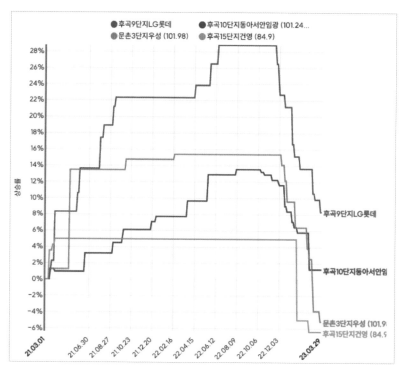

KB시세 (매매 상위평균가)	매매가 (22년 8월)	매매가 상승률 (21년 3월 ~22년 8월)	매매가 (23년 3월)	매매가 상승률 (21년 3월 ~22년 8월)
후곡 9단지 LG롯데 (31평)	8.5억	29%	7.15억	8%
후곡 15단지 건영 (31평)	7.4억	5%	6.6억	-6%
문촌 3단지 우성(37평)	9억	15%	7.4억	-5%
후곡 10단지 동아서안임광 (37평)	8.8억	14%	7.85억	1%

2021년 3월부터 2023년 3월까지 약 2년간 주요 단지의 30평대 매매

가 흐름을 비교해보면 다음과 같습니다. 해당기간 중 2022년 8월까지 후곡마을 9단지가 매가상승률이 29%로 다른 단지들에 비해 매매가 상승률이 가장 높았습니다. 현재에도 다른 단지들은 대부분 마이너스 상승률이지만, 후곡마을 9단지는 8%의 상승률을 보여주고 있습니다.

이를 통해 주요 학군 단지인 후곡마을 9단지가 상대적으로 가격 상승 에너지가 컸고, 상승 폭이 컸던 만큼 하락기에도 상승분을 다 내주지 않고 지금까지 잘 버텨주고 있는 점을 알 수 있습니다. 일산역에서 도보로 이용 가능한 초역세권 단지인 후곡마을 10단지도 출퇴근 수요층이 탄탄하고, 통합재건축 호재도 있어 상대적으로 상승률이 높아 하락기에도 가격 방어를 잘하고 있는 점을 알 수 있습니다.

다만, 비슷한 입지여도 단지별 세부 특성과 수요층의 선호도에 따라서 매매가나 전세가 흐름이 달라질 수 있으니 이러한 점은 현장에서 데이터와 비교하면서 그 이유를 확인해볼 필요가 있습니다.

3) 전세가 비교(2021년 3월~2023년 3월)

① KB 전세 시세((상위 평균가 기준)

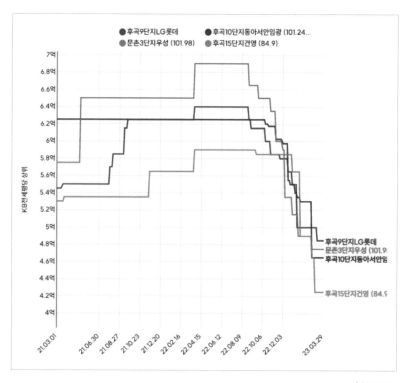

출처 : 손품왕

② 전세가 상승률

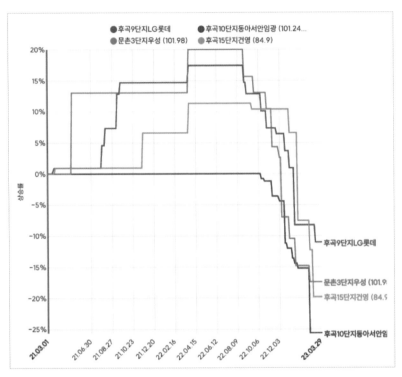

출처 : 손품왕

KB시세 (전세 상위평균가)	전세가 (22년 8월)	전세가 상승률 (21년 3월 ~22년 8월)	전세가 (23년 3월)	전세가 상승률 (21년 3월 ~22년 8월)
후곡 9단지 LG롯데 (31평)	6.4억	17%	4.85억	−11%
후곡 15단지 건영 (31평)	5.9억	0%	4.25억	−20%
문촌 3단지 우성(37평)	6.9억	20%	4.75억	−17%
후곡 10단지 동아서안임광 (37평)	6.25억	11%	4.25억	−26%

같은 기간 전세가의 흐름은 다음과 같습니다. 상승기에 전세가 상

승률이 가장 높았던 단지는 오마초·중 학군 수요가 많은 문촌 3단지
(20%), 후곡 9단지(17%)였습니다. 이와 마찬가지로 2개의 단지는 탄탄
한 실수요층으로 인해 가격 하락이 시작된 22년 하반기 이후에도 전세
가 하락 폭이 상대적으로 적음을 알 수 있습니다.

4) 매매전세갭 비교

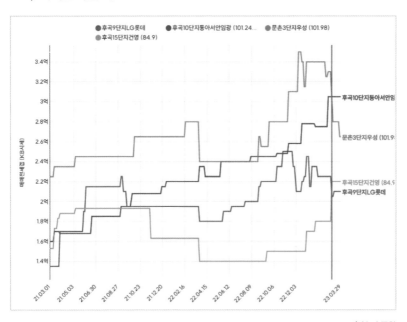

출처 : 손품왕

KB시세 (매매 상위평균가)	매전갭(21년 3월)	매전갭(22년 5월)	매전갭(23년 3월)
후곡 9단지 LG롯데 (31평)	1.35억	1.8억	2.1억
후곡 15단지 건영 (31평)	1.73억	1.4억	2.2억
문촌 3단지 우성(37평)	2.35억	2.4억	2.65억
후곡 10단지 동아서안임광(37평)	1.7억	2.25억	3.05억

앞에서 주요 단지들의 매매가와 전세가 흐름을 살펴보았습니다. 데이터를 통해 상승기에 매가 상승률이 상대적으로 높았던 단지, 반대로 하락기에 전세가 하락폭이 적어 가격 방어가 잘 되는 단지를 알 수 있었습니다.

무릇 투자자라면 투자금은 최소화하면서 수익률을 최대화할 수 있는 가성비 투자를 늘 염두에 두어야 합니다. 위에 데이터를 살펴보면 시기에 따라서 단지별 매매전세갭이 달라지는 모습을 알 수 있습니다.

투자를 고민한다면 어떤 단지가 내 투자 스타일에 적합한 단지인지 우선순위를 정한 후, 관심 단지를 선정합니다. 그 후 데이터나 현장 분위기 모니터링을 통해 어떤 타이밍에 관심 단지를 매수와 매도할 것인지 계획해 보는 과정이 필요합니다.

임장 후 생각 정리

그동안 일산이 다른 1기 신도시 대비 저평가되어왔던 원인은 크게 두 가지입니다.

하나는 주요 업무지구(강남)에 대한 교통 편의성이 취약하다는 점, 두 번째로는 자체적인 일자리 부족으로 인한 베드타운화로 신규 인구 유입이 약하다는 점입니다.

하지만 일산 부동산 가격의 발목을 잡던 큰 단점이 교통망 확충과 일자리 호재로 해결될 전망입니다. 머지않아 2023년 6월 대곡소사선이 연장됨으로써 김포공항역에서 환승을 통해 서쪽 업무지구(마곡, 여의도)로 접근성이 좋아지고, 장기적으로는 GTX-A 노선으로 강남까지의 접근성도 크게 개선될 예정입니다. 업무지구로의 접근성 강화로 실거주 인구 유입도 기대 가능하지만, 2024년에 일산 테크노밸리, CJ라이브시티의 준공으로 신규 일자리도 창출될 예정이어서 주택수요가 높아질 가능성이 큽니다.

이러한 교통망과 일자리 확충만으로도 충분히 투자 매력도가 상승하지만, 일산은 전통적으로 오마초·오마중, 정발초·정발중을 중심으로 하는 학군과 우수한 학원가가 갖추어져 있어 예전부터 학부모들에게 꾸준히 선호되는 지역입니다. 뿐만 아니라 주요 단지를 가로지르는 넓고 푸르른 공원과 생활 편의시설이 골고루 발달되어 살기 편하다는 점도 일산의 큰 장점입니다. 또한, 정부 정책과 맞물려서 1기 신도시 중 상대적으로 높은 대지지분과 낮은 용적률로 사업성이 높아 윤석열 정부가 추진하는 재건축, 리모델링 정책의 효과를 누릴 수 있는 지역이기도 합니다.

비록 부동산 시장의 냉랭한 분위기 속에 투자가 망설여지겠지만, 일산은 장기적으로 잠재적인 투자 가치가 있는 지역이라고 판단됩니다. 지역 공부와 임장을 통해 투자 안목을 키운 후 재건축, 리모델링 속도가 빠른 단지, 재건축 사업성이 좋은 단지, 실거주 선호도가 높은 단지, 역세권 단지 중에서 자신의 투자 전략에 맞는 단지 선정을 통해 진입 타이밍을 보고 투자하는 게 필요합니다.

2022년 하반기부터 부동산 시장 상황이 전반적으로 나빠지면서 투자 물건 옥석 가리기의 필요성이 투자자에게 더욱 요구되고 있습니다. 지금과 같은 상황에서 잃지 않는 투자를 위해서는 상급지부터 탑다운 방식으로 살펴보고, 실거주 수요가 탄탄한지, 정부 정책에 따른 시장의 반응과 흐름이 어떠한지 등 다각도에서 고려해야 할 것입니다.

일산의 경우, 학군과 학원가 형성이 잘 되어있어서 이를 원하는 실거주자들의 수요가 많은 편입니다. 이에 투자 물건을 선정함에 있어 학군지인지, 전세 거래량은 언제 얼마나 많은 편인지, 매매가격이 다른 단지들보다 먼저 움직이는지 확인해볼 필요가 있습니다.

또한, 지난해 10월과 올해 1월 매가를 비교했을 때, 부동산 시장의 대세적인 흐름에 휩쓸려 가격이 큰 폭으로 추가 하락할 수 있다는 가능성도 염두에 두어야 합니다. 따라서 정부의 정책, 거시경제 지표, 부동산 내·외부 변수 등을 분석할 줄 알고, 시장의 큰 흐름을 읽을 수 읽는 인사이트를 키워 투자하는 자세가 요구됩니다.

3장

매력적인 가격을 가진 도시, 평촌

— 돈디

보고서 장점

'정리왕' 이라는 별칭이 있는 돈디님의 보고서로 핵심 내용을 정리만 잘한 것이 아니라 구어체로 친근하게 읽히는 장점까지 있어 술술 읽히는 보고서입니다. 휘리릭 한 번만 잘 읽어도 많은 부분이 쉽게 이해될 수 있게 깔끔하게 정리되어 있습니다.

또한 요소별 포인트가 보기 좋고, 알기 쉽게 지도나 이미지로 잘 구현하여 제시해 주고 있습니다. 전공이 디자이너로 본인의 강점을 살려 머릿속에 정리된 내용을 이미지로 그대로 구현하여 평촌의 강점을 하나의 지도에 담아주기도 했습니다. 이 지도를 보고 있으면 당장 임장을 가고 싶을 만큼 엉덩이가 들썩이게 될 것입니다.

챙겨볼 포인트

임장을 갈 때 활용할 지도와 임장 동선까지 추천하고 구역별 차이를 알기 위한 핵심 질문과 비교 단지까지 제안하고 있어 알찬 임장을 위한 내용을 담고 있습니다.

또한 조사한 단지별 특징을 자세히 알려주고 있으며, 해당 단지의 시세, 사진까지 일목요연하게 정리되어 있어 보고서에 나온 내용을 스스로 현장에서 직접 확인만 하더라도 지역에 대해 이해가 충분할 것입니다. 보고서를 보면서 내가 조사한 것이 맞나 안 맞나 교차 확인한다는 마음으로 가셔도 좋을 정도로 임장 가이드로서 안내가 잘 되어 있습니다.

그리고 평촌의 경우, 수요층의 흐름을 면밀히 살펴봐야 하는 지역으로 제안한 임장 포인트 질문을 적극적으로 활용하면 지역에 대한 감을 잡을 수 있습니다. 그리고 현장의 목소리로 정리된 내용을 직접 부동산중개업소에서 듣게 되는 신기한 경험을 하실 수 있어 쏠쏠한 재미까지 있을 것입니다.

안양시 평촌신도시,
그곳이 궁금하다!

평촌이라는 도시를 처음 공부하는 분들이 계실 텐데요. 이해를 돕기 위해서 제가 처음 보는 지역을 분석하기 위한 도구인 "위치", "행정구역", "분위지도", "학군", "상권", "교통" 여섯 가지 프레임으로 평촌을 한 번 살펴보겠습니다.

1) 위치 : 이 도시는 어디에 위치해 있을까?

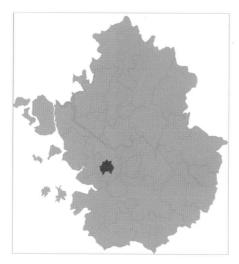

평촌신도시 위치 (출처 : 위키백과)

안양시는 서울과 매우 가까운 경기도 내 도시로 북쪽으로는 서울을, 서쪽으로는 광명과 시흥을, 남쪽으로는 군포, 동쪽으로는 의왕과 과천을 면하고 있습니다. 강남과 판교에 회사를 다니는 사람이 선택하기 쉬운 선택지의 주거지로 보이고 이전부터 대표적인 베드타운으로 사람들에게 인지되고 있었습니다.

2) 행정구역 : 지역별 행정구역은 어떻게 나뉘어 있을까?

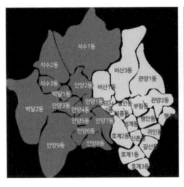

출처: 왼쪽: 본 저작물은 안양시에서 작성하여 공공누리 제1유형으로 개방한 '만안구 관내도를 이용하였으며 해당 저작물은 안양시 홈페이지(http://www.anyang.go.kr)에서 무료로 다운받으실 수 있습니다.

평촌신도시 개발 계획도
(출처: 위키백과)

안양에서 만안구는 서쪽, 동안구는 동쪽에 위치하고 있습니다. 평촌 신도시는 동안구의 일부 구역을 말합니다. 경기도 안양시 동안구 평촌동, 관양동, 비산동, 호계동 일대에 조성된 1기 신도시입니다. 노태우 정부 시절 수도권 신도시 계획으로 지어졌습니다. 중동신도시와 산본 신도시와 같이 발표되었고, 1992년 2월부터 입주하기 시작했습니다. 개발계획도를 보면 알 수 있듯이, 신도시 전체가 네모반듯한 격자형 도로망(도시구조)을 보여주고 있습니다.

평촌신도시 일대 전경 (출처: 위키백과)

동서로 뻗은 왕복 8차로의 시민대로를 따라 안양시청을 포함해 관공서와 상업·업무지구가 위치하고, 신도시 중심부에 중앙공원이 조성되어 있습니다. 북쪽의 학의천과 남쪽의 갈산을 보존해서 공원으로 만들었어요. 단독주택단지는 남쪽의 갈산(자유공원) 주변에 조성했고요.

3) 분위지도 : 어떤 아파트가 비쌀까?

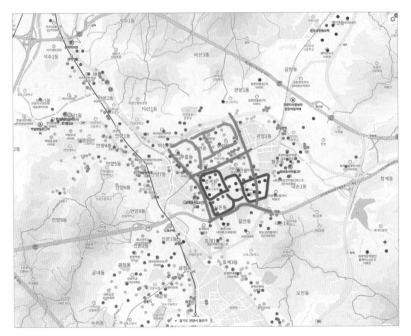

출처: 호갱노노 2022년 9월 기준

안양 지도 위에서 네모반듯한 평촌신도시의 모습이 선명하게 보입니다. 4호선 범계역, 평촌역을 경계로 위아래로 나뉘는데, 각각 평남, 평북으로 부르곤 합니다. 남쪽인 평남의 평단가가 훨씬 높은 것이 분위지도로 확인됩니다.

4) 학군 : 선호 중학교와 학원가는 어디에 밀집되어 있나?

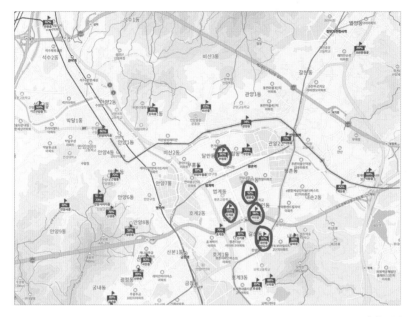

출처: 아실

　평촌과 평촌 인근에 학업성취도 90%가 넘는 중학교가 6개나 있습니다. 귀인중, 대안여중, 범계중, 평촌중, 대안중, 부림중 순으로 학업성취도가 높습니다. 그중에서도 가장 선호도가 있는 중학교는 귀인중, 범계중, 평촌중이고, 이 학교들과 학원가의 거리가 매우 가깝습니다.

출처: 아실

'평촌'하면 학원가가 유명하죠. 귀인중학교 옆에는 그 유명한 평촌 학원가가 있는데 학원이 323개나 있습니다. 교육열이 매우 높고 실수요가 탄탄하다고 하는데 이 수요가 어디에서 오는지, 이후에는 어디로 옮겨가는지 하진 않을지 수요의 흐름을 임장에서 살펴보는 것이 포인트가 될 것 같아요.

5) 상권 : 사람들이 선호하는 상권이 몰려있는 곳이 있을까?

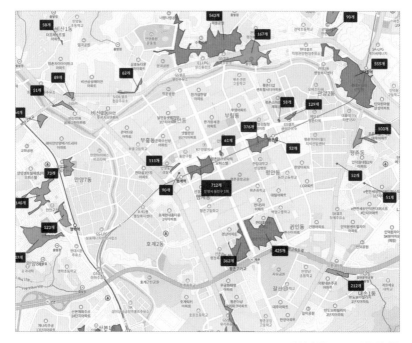

출처: 호갱노노 2022년 9월 기준

평촌 전체적으로 매우 크고 많은 상권이 있습니다. 평촌 학원가와 겹치는 부분을 포함해서 범계역세권, 평촌역세권 등 사람들이 좋아하는 상권의 모양이라는 것을 호갱노노, 카카오맵 등 지도상으로 확인할 수 있었습니다.

실제로 여러 부동산 유튜브나 블로그에서도 평촌의 강점을 상권의 압도적인 밀집도를 꼽기도 합니다. 특히 범계역을 중심으로 한 로데오 거리는 유동 인구가 매우 많고 복잡하지만 정말 한 곳에서 모든 것을 할 수 있을 만큼 부족함이 없는 모습입니다.

6) 교통 : 여기서 주요 업무지구로 나가려면 어떻게 해야 해?

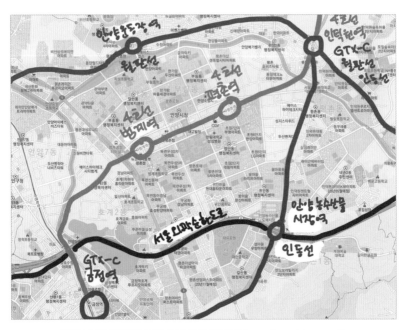

평촌 주변 교통망과 교통 호재 (출처: 카카오맵(https://map.kakao.com))

도로망은 서울외곽순환도로를 통해 서울로 이어집니다. 철도망은 현재 있는 4호선부터 앞으로 만들어질 월판선, 인동선, GTX까지 철도 교통망이 더 좋아질 것으로 계획이 되어있습니다. 기대감이 큰 모습을 확인할 수 있습니다. 실제로 인덕원역이 GTX 호재로 인해서 2021년 역대급 상승을 하기도 했었습니다. 호재가 발현되기까지 꽤 시간이

남은 만큼, 호재가 어떻게 가격에 선반영 됐는지, 어떻게 빠지는지, 이후에 호재가 실현됐을 때 가격 흐름이 어떻게 변화할지 모니터링할 수 있는 좋은 공부가 되겠습니다.

왜 평촌을 봐야 하는가?

평촌은 강남에 출퇴근하는 사람들과 자녀 교육을 중요하게 생각하는 가족들이 많이 사는 지역입니다. 이러한 인구 구성으로 인해 평촌 지역은 매우 탄탄한 실수요를 보유하고 있습니다. 또한, 평촌 지역은 교통망 호재 등을 통해 앞으로도 가치가 높아질 것으로 예상됩니다. 이러한 요인으로 인해 평촌은 미래까지 가치가 있는 지역으로 평가됩니다.

물론, 입주물량이 2022년과 2024년에 예정되어 있지만, 해당 입주물량이 지나가면 그 여파는 적은 지역으로 예상됩니다. 가까이 있는 분당과 비교하면 평촌은 더 오밀조밀하게 모여있는 곳이라고 할 수 있습니다. 상가 밀집도가 매우 높은 지역입니다. 이는 평촌 지역 내에서 필요한 모든 것을 해결할 수 있다는 것을 의미합니다. 또한, 신도시 규모가 작은 편이라 어디에 살아도 그 안에서 해결되는 곳까지 나가는 것이 용이합니다. 분당보다는 가격이 조금 저렴하지만, 학군지에 밀집도까지 갖춘 평촌을 사람들이 선호하는 것은 그렇게 이상한 일이 아니라고 보입니다.

어떤 도시보다도 밀집된 평촌 생활권 (출처: 카카오맵(https://map.kakao.com))

평촌신도시의 호재

평촌신도시에는 교통망으로 시작해 주변에 다양한 호재가 있어요. 이 호재를 하나하나씩 파봅시다.

[인덕원 교통 호재]

인덕원이 아주 핫했었죠? 압도적인 인덕원 호재가 평촌과 관련된 교통 호재의 중심에 있어요. 강남, 판교와 쉽게 연결되고 경기 남부권에 있는 수원이나 동탄까지 인덕원을 지나가게 되면서 경기 남부에서 교통의 중심지 역할을 수행할 것으로 보입니다.

- 월곳판교선(월판선, 경강선 연장) : 인천과 판교를 연결하는 복선전철입니다. 송도부터 시작해 안양 – 안양 운동장 – 인덕원을 거쳐 일자리가 많은 서판교와 판교까지도 이어집니다.
- GTX-C : GTX-C는 강남으로의 교통망이 부실한 경기 동북부 지역과 서울 동북부 지역, 더불어 군포, 의왕, 안양, 수원에서의 교통 수요가 많은 지역의 교통 접근성을 개선하기 위한 사업입니다. 인덕원에 정차하며 과천 – 양재 – 삼성 – 왕십리를 거쳐 의정부와 덕정까지 이어져 있습니다.
- 동탄인덕원선(인동선) : 인덕원에서 시작해 수원 – 동탄을 연결하는 복선전철입니다. 이 노선을 통해 경기 남부의 인구이동이 활성화될 것으로 예상됩니다.
- 인덕원 복합 환승 센터 : 지하철과 버스를 연결하는 교통 허브 역할을 하는 복합 환승센터도 추진 중입니다. 현 수도권 전철 4호선과 추후 인동선, GTX-C, 월판선이 개통될 경우 인덕원역 복합 환승센터를 건설한다고 합니다. 환승센터의 조감도가 공개되었을 때 호재 영향으로 집값이 치솟기도 했습니다.

[일자리]

모든 호재는 일자리 중심으로 바라보아야 해요. 그래서 대표적인 일자리들 위주로 서술해볼게요.

1) 강남

강남은 너무 자연스럽게도 대한민국에서 가장 많은 일자리가 있는 중심 업무 지구입니다. GTX-C가 확정됨에 따라 강남 접근성이 좋아집니다.

2) 판교

월판선(월곶판교선)을 통해 판교와 연결됩니다. 판교는 IT 산업의 중심지로 유명합니다. 대기업부터 창업 기업까지 다양한 기업들이 위치하고 있으며, 미래산업인 AI, 빅데이터 등에 대한 기술력이 뛰어납니다. 이에 따라 판교 지역에는 IT 관련 직종을 비롯해 다양한 직종의 일자리가 많이 있습니다.

3) 과천

과천과 매우 가깝습니다. 최근에는 과천 지식정보타운이 조성되어 IT 분야의 일자리 창출이 활발해지고 있습니다.

4) 안양

안양 내 일자리도 많습니다. 안양 지역에는 공장과 지식산업센터 등 다양한 산업이 자리하고 있습니다. 요즘에는 IT 분야의 일자리도 많아지는 추세라고 합니다. 대표적으로는 안양IT단지나 IT밸리, 평촌 스마트스퀘어, 평촌역 일반 공업 지역, 지식산업센터, 범계역-평촌역 행정 & 법조타운이 있습니다.

위에 서술한 리스트를 보면 아시겠지만, 강북까지의 접근성이 좋은 편은 아닙니다. 강남과 판교의 베드타운의 역할을 충실히 수행하고 있다고 볼 수 있을 것 같습니다.

[주변 택지개발]

평촌신도시의 주변 지역에는 덕현지구, 융창지구, 온천지구 등 다양한 택지개발이 진행 중입니다. 이러한 지역개발로 인해 평촌신도시 인근 지역의 생활 편의 시설도 더 개선 될 것으로 기대하고 있습니다.

[정비구역 (재건축, 재개발, 리모델링)]

출처: 안양시 홈페이지(https://www.anyang.go.kr/newtown/index.do)

현재 재건축, 재개발을 진행하는 지역을 설명해볼까 합니다.

1) 평촌신도시 외 동안구 재건축, 재개발

동안구 내에서 재건축 사업은 주로 비산동, 호계동 위주로 진행 완료되었거나 진행 중입니다. 평촌신도시 인근에서 일어나는데, 홈페이지 보면 조합설립 인가 이후 착공까지 평균 10~15년 정도 걸리고 있습니다. 재개발은 만안구에서만 진행하고 있고, 내손 다, 라 구역도 평촌신도시와 가깝습니다.

주변 지역의 재개발/재건축이 평촌의 구축 아파트 가격에 영향을 줄지가 관건입니다. [평촌 = 학군]을 고려하면 크게 영향을 주지 않을 것 같습니다. 호계동에서는 대안/호계중학교, 비산동에서는 비산/부림중학교로 중학교 배정이 될 가능성이 커 보입니다.

실제로 가격을 살펴보면, 거래가 많이 되지 않아 정확하게 알지 못하지만 2022년 초 입주장에서도 평촌 구축의 가격은 심각하게 빠지지 않았습니다. 오히려 매매가와 전세가가 오른 단지들도 있습니다. 현장에서는 새 아파트 수요가 많지 않다고 합니다. 사람들이 새 아파트로 가긴 하지만, 자녀를 다 키운 사람들이 새 아파트로 넘어간다고 하니, 수요가 그렇게 많이 이동하지는 않겠습니다. 전세가 실제로 잘 안 맞춰진 시기가 있었다곤 하니 아예 영향이 없다곤 할 수 없겠습니다.

단, 이번에 입주한 곳은 평촌신도시의 중심, 평남과는 거리가 좀 있었습니다. 평촌신도시와 가까운 덕현지구, 융창지구, 온천지구 입주 시기에 가격의 흐름을 살펴볼 필요가 있겠습니다.

2) 평촌신도시 내 재건축 이슈

재건축 진행하는 단지가 있는지 임장에서 확인해보았습니다. 2023년 3월 현재는 재건축 진행하는 단지는 없었습니다. PC공법으로 지었다는 샛별한양 6단지 정도는 언급할 수 있겠지만 소형 평수에서 재건축을 바라보는 단지는 거의 없습니다. 다만, 이번에 발표된 「노후계획도시 정비 및 지원에 관한 특별법」 때문에 리모델링을 진행하는 목련 2단지, 초원대림 등에서 재건축으로 가야 하지 않냐는 목소리도 나오고 있다고 합니다. 리모델링이나 재건축은 속도가 생명인데, 재건축으로 넘어갈지 지켜볼 필요는 있을 것 같습니다.

재건축을 바라볼 수 있는 단지로는 꿈마을, 목련마을, 샘마을에 있는 대형 평형 단지들 정도입니다. 대지지분이 어느 정도 받쳐주기 때문에 재건축 시에 용이하다고 할 수 있습니다. 일부 부동산에서는 재건축을 노린다면 시의원이 많이 사는 단지들 위주로 접근해보라는 소장님 의견이 있었으니 참고하셔도 좋겠습니다. 꿈마을, 목련마을, 샘마을 단지 들 모두 평균 대지지분이 18~20평이므로 재건축 시 사업성이 나와 유리해 보입니다. 사업성이 나온다는 건 추가 분담금 또한 적을 수 있다는 것입니다.

3) 평촌신도시 내 리모델링 이슈

리모델링 조합이 설립된 평촌 목련 2단지와 목련 3단지, 공작 부영, 샘마을 우방 및 양촌 현대를 포함하여 20개 단지가 모여 평촌 리모델링을 추진하고 있습니다.

리모델링에서는 사업성 이슈가 뜨거운 감자인 것 같습니다. 산본과 비교해서도 속도가 빠르지 않고, 리모델링을 원하지 않는 집주인들이 많은 편입니다. 실제로 초원 6단지 한양아파트나, 한가람 세경아파트 같은 경우 리모델링을 찬성했다가 반대하는 반대파의 움직임이 플래카드에도 나타날 정도로 몸살을 심하게 겪고 있습니다.

리모델링 호재, 교통 호재에 대한 평촌 주민들의 반응은 그렇게 뜨겁진 않았습니다. 리모델링은 역세권 단지만 갈 거로 생각하고 리모델링 보다는 재건축을 더 기대하는 분위기였어요. 단, 재건축도 순서가

안 왔다는 인식이 더 컸습니다. 월판선이나 GTX 등 교통 호재는 기대감이 있긴 하지만 그것 때문에 사람들이 매수하러 오지는 않는 분위기가 있었습니다.

평촌에서 리모델링 단지에 투자하고 싶다면 속도가 빠른 곳, 역세권 단지들 위주로 살펴보는 게 좋겠습니다. 추가 분담금까지 포함해 계산하고, 실제로 이 정도가 새 아파트일 때도 메리트 있는 가격인지를 살펴보는 게 좋습니다.

4) 2030 안양시 도시·주거환경정비 기본계획

안양시는 2030년까지 도시 및 주거환경을 정비하겠다는 계획을 2018년에 발표했습니다. (안양시 '2030 안양 도시 및 주거환경정비 기본계획(2020.3.9.일) 고시 내용 참고) 평촌신도시 내 구역은 없지만, 근처의 연접성을 고려해 어디가 더 좋아질 지역인지 살펴볼 수 있을 듯합니다.

임장하기

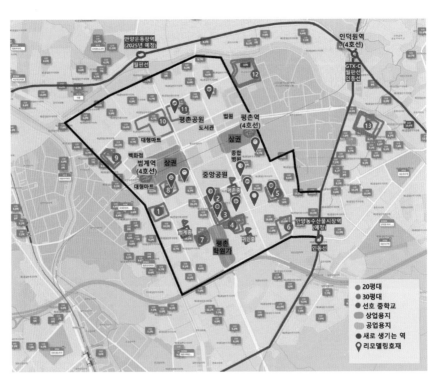

평촌의 강점을 현장에서 확인할 수 있는 단지 표시

위치	단지명	평형대, 가격 (매매 / 전세) * 단위: 억	용적률 / 평균대지 지분	한마디	사진
평 남	목련 9단지 (1994, 500+세대)	36평 (13 / 6.3) 45평 (16 / 8.0) 53평 (17/ 8.4)	207% 18.8평	평촌에서 가장 선호도가 높은 곳 중에 하나지. 범계역과 매우 가깝고 1단지, 8단지랑 비교해 보면 이곳이 2살 더 어려서 깨끗하고, 조용하고, 주차장도 넓고, 크고……. 아무튼 명실상부한 리딩 단지임에는 틀림없다!	
	목련 2단지 (1992, 900+세대)	14평(4.3 / 1.5) 23평(8.0/ 3.0)	193% 9.4평	평촌의 리모델링 선봉장! 그나마 가장 잘 진행되고는 있는데 다른 단지들이 따라올지는 모르겠다……. 15년이나 외로운 싸움을 하고 있지만, 그래도 계속 지켜보자!	
	향촌 롯데 (1993, 500+세대)	23평(7.8/ 3.9) 24평(8.7/ 4.1) 33평(13 .8/ 6.6)	206% 13평	20평대, 30평대 모두 갖추고 있으며 평촌 학원가에서 가깝다. 다들 갈아탈 기회를 호시탐탐 노리고 있다. 귀인 현대홈타운보다 공원에 더 가깝고 단지도 더 예쁘게 정비되어 있다.	
	귀인마을 현대홈타운 (2002, 900+세대)	24평(8.0 / 5.1) 27평(10.6 / 5.3) 33평(10.9/ 6.4)	317% 9.4평	평촌 학원가를 대표하는 리딩 단지. 학원가와 가깝고. 귀인중학교라는 학업성취도가 어마무시기한 학교가 있어서 학부모들이 정말 좋아하는 단지.	

평남	무궁화 경남 (1993, 500+세대)	24평(6.2/ 3.5) 32평(9.3/ 5.2)	215% 12.6평	엎어지면 코 닿을 거리에 학원가가 있다. 학부모들이 3대 중학교에 자녀들을 보내고 이 단지로 이사 오곤 한다. 단지가 상당히 잘 꾸며져 있고 무궁화마을에선 이곳이 대장이다! 리모델링을 반대하는 주민들이 있다는 것은 참고하자.	
	초원 대원 (1993, 700+세대)	23평(6.3/ 4.0) 31평(8.4/ 5.1) 32평(7.1/ 4.8)	207% 12.5평	귀인마을이나 향촌마을로 가기 어려운 사람들이 사고 싶어 하는 곳, 학원가에 가까운 가성비 단지!	
	꿈마을 현대 (1993, 300+세대)	36평 (12.7/ 6.8) 47평(15 / 8.0) 65평(19 / 9.6)	207% 19.6평	꿈마을 중 대장. 사실 흐름이 비슷하긴 하지만 그래도 오랫동안 가격이 먼저 움직인 건 사실이다. 인동선이 언제 생길지는 모르겠지만, 일단 인동선이 생기면 초역세권이 된다! 조용하고, 거주민의 만족도가 높은 편이다. 65평이 꿈마을 단지 내에서 가장 대지 지분이 높으니 알아두는 것이 좋다.	
평북	평촌더샵 센트럴시티 (2016, 1400+세대)	24평 (10.2 / 5.4) 34평 (14.3/ 6.6) 38평(17 / 7.9)	준신축이라 의미 없음	새 아파트라는 점은 무시 못 하지! 평북 지역 대장 아파트다. 하지만 새 아파트가 많이 들어서면 나는 어떻게 될지는 모르는 일. 그래도 일단 지금을 즐기자!	

평촌	한가람 세경 (1993, 700+세대)	19평(5.2 / 2.3) 20평(5.7/ 2.6)	196% 9.5평	공원 뷰를 갖추고 있다. 모든 생활 편의 시설이 가까운 게 매력 포인트이다. 단일 평형이라 리모델링이 빨리 실시될 거라고 생각했는데 1기 신도시 특별법이 발표되면서 조금 아쉽게 됐다.	
	샛별 한양 6 (1993, 3,200+세대)	11평(3.2 / 1.5) 14평(4.1/ 1.8) 17평(5.2/ 2.1) 21평(5.8/ 2.5)	167% 8평	리모델링 시행 못 하는 단지이니만큼 빠르게 재건축을 밀어볼까 하는 계획을 가지고 있다.	
	은하수청구 (1992, 500+세대)	23평(6.9 / 3.3) 27평(9.0/ 3.4) 32평(9.9 / 4.6)	208% 13.2평	대지지분 최고! 재건축 단지가 될 것이라고 예상 중. 범계역 초역세권이라는 메리트를 가지고 있다.	
인덕원	푸른마을인 덕원대우 (2001 1, 900+세대)	24평(7.1/ 3.5) 32평(8.1/ 4.3)	337% 8.3평	가격이 많이 하락해 뉴스에 나오던 단지이다. 인덕원마을 삼성 아파트와 더불어 인덕원의 대표 단지라 할 수 있다. 인덕원 역세권과 어느 정도 거리가 있고, 대단지이기 때문에 아늑한 느낌을 주는 곳. 임장해 보면 평촌과 생활권이 다르다는 걸 알 수 있다.	

지도를 들고
직접 다녀 봅시다!

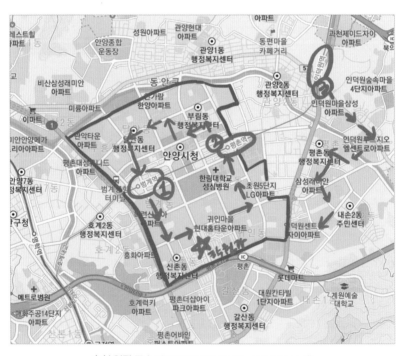

추천 임장 코스 (출처: 카카오맵(https://map.kakao.com))

임장 코스를 추천해볼까 합니다. 평촌신도시를 둥~그렇게 전체 돌아보는 코스는 다음과 같습니다. 요렇게 한 바퀴 쭉 돌면 전반적인 생활권에 대한 파악이 잘 될 겁니다.

범계역 인근 상권 → 목련마을, 무궁화 마을 → 향촌마을, 귀인마을 → 압도적인 평촌 학원가 → 꿈마을, 초원마을 → 평촌역 인근 상권 → 공작마을 → 한가람마을, 샛별마을 → 관악마을 → 은하수 마을 → 다시 범계역으로

여기서 다시 쪼개서도 볼 수 있습니다.

1) 평남지역 하루 (목련 - 꿈마을 - 샘마을 등 대형 평형 한 번에 비교)

2) 평북지역 하루 (평촌 → 범계 코스로 둘러보기)

가능하면 인덕원도 살펴보시는 게 좋습니다. 저도 이번에 임장보고서 작성을 위해 3회 이상 평촌을 방문했는데, 평남 → 평북 → 인덕원 이렇게 둘러보면서 파악했습니다.

수요의 차이를 비교하자

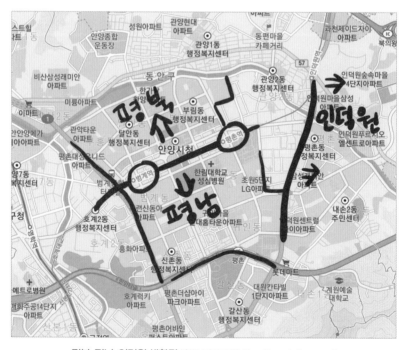

평북, 평남, 인덕원 생활권 (출처: 카카오맵(https://map.kakao.com))

평촌은 범계역 - 평촌역을 잇는 시민대로를 기준으로 평남과 평북으로 나뉩니다. 인덕원 지역은 평촌과 가까이 있지만 또 다른 수요를 가지고 있는 점이 평촌신도시를 조사하면서 신기했던 점 중 하나입니다.

1. 평남

평남은 명실상부한 평촌의 리딩 단지들이 몰려있습니다. 위에서 언급한 학원가와 선호중학교도 평남에 있습니다. 학원가와 가장 가까운 귀인마을 현대홈타운이 가장 선호도가 높은 대장 단지입니다. 비교적 나이가 젊은 단지이다 보니까 평남지역에서 준신축으로 불리기도 합니다. 전세가를 보면 얼마나 대단한 단지인지 알 수 있어 조사하면서 정말 신기했습니다. 학군지의 알짜 단지의 위용이란….

학군지다 보니 대형 위주의 단지도 많이 몰려있는 곳이 평남입니다. 대형 위주의 단지는 목련마을, 꿈마을, 샘마을에 몰려있는데 각각의 차이점도 있습니다. '목련마을' 같은 경우 범계역에서 가까운 장점, '꿈마을' 같은 경우 조용하고 학원가가 비교적 가까운 장점, '샘마을' 같은 경우 자연환경이 좋고 서울 접근성이 다른 평남지역의 단지들보다 좋은 점 등을 꼽을 수 있을 것 같습니다. 세 개의 생활권 모두 대지지분이 높은 단지들 위주로 구성이 되어있다 보니, 만약 재건축을 진행하게 된다면 가장 빨리 갈 것 같은 단지들입니다.

평남에서는 30평대 아파트가 가장 선호도가 높은 평수입니다. 한편으로 20평대 평형은 신도시 특유의 20평대 부족인 현상으로 항상 공급 대비 수요가 넘쳐서 가격 방어가 잘 되는 평형 중 하나입니다.

무궁화 마을은 평남에 있는 학원가를 가장 가까이 이용할 수 있지만 중학교 학군 배정이 안 되기 때문에 가격이 상대적으로 낮은 편입니다. 그래서 가성비를 따지는 사람들이 무궁화 마을을 선택하기도 한다고 합니다.

또 완전히 다른 수요는 역세권에 있는 소형 단지입니다. 목련마을 2~3 단지나 초원 부영, 세경 아파트는 또 다른 수요를 가지고 있습니다. 평촌에는 살고 싶지만 평남의 메인 입지에 들어가기 어려운 신혼부부나 1인 가구가 저렴한 작은 집을 찾을 때 선택하는 단지로 전세 수요나 월세 수요는 항상 탄탄하다고 합니다.

💡 **임장에 가서 아래 수요에 관한 질문을 부동산에 해보세요!**

- 학원가 근처 귀인, 목련, 향촌 ↔ 무궁화 마을 ↔ 역세권 소형 단지들
  ▶ 세 군데 수요가 어떻게 다른지 확인해보기

- 평남의 목련마을 ↔ 꿈마을 ↔ 샘마을
  ▶ 어디가 더 선호도 높은지 파악해보기

2. 평북

평북은 조금 더 소형 평형 위주로 구성되어 있습니다. 소형이라고 하면 20평대가 아니라 10평대 단지를 말합니다. 평북도 임장에서 확인해보면 굉장히 재미있는 포인트들이 있습니다. 동쪽에서 서쪽으로, 남쪽에서 북쪽으로 이동하면서 입지가 어떻게 달라지는지 확인할 수 있습니다.

평북의 특징은 역세권 소형 평형 단지들의 짱짱한 임차 수요에 있습니다. 여러 번 임장을 갔는데 부동산 소장님이 "여기는 항상 전세가 나간다.", "여기는 항상 임차 수요는 짱짱하다."라고 얘기해 주셔서 신혼부부나 1인 가구의 수요를 평남 소형 역세권 단지들과도 주고받는다고 해석할 수 있을 것 같습니다.

역세권 소형 단지가 아니고 다른 단지로 주목할만한 단지는 비교적 큰 대지지분을 가지고 있는 은하수 마을입니다. 은하수 마을도 재건축이 가능한 대지지분을 평균적으로 가지고 있기 때문에 평촌에서 재건축을 바라보고 바람을 탈 만한 단지 중의 하나로도 볼 수 있을 것 같습니다.

보통 평촌에서 신혼 생활이나 사회생활을 시작하는 사람들은 평북에서 시작해서 돈을 조금씩 모아서 평남으로 이동한다고 합니다. 제가 만나본 많은 부동산 소장님들이 공통적으로 본인이 신혼을 여기서 시작했고 결과적으로 돈을 벌기까지 이사하시면서 자산을 불려갔다고 말씀하셔서 신기했습니다.

💡 임장에 가면 아래 포인트를 꼭 살펴보고 걸어보세요!
☐ 동쪽 → 서쪽으로 넘어가며 입지가 어떻게 달라지는지 확인해보기
☐ 남쪽 → 북쪽으로 넘어가며 입지가 어떻게 달라지는지 확인해보기

3. 인덕원, 그 외

아래 비교군들을 살펴보면서 수요의 흐름을 파악하면 훨씬 평촌에 대한 이해도가 한층 더 높아질 것입니다.

- 평남 역세권 단지 ↔ 평북 리모델링, 재건축 추진 단지
- 평남의 목련마을 ↔ 꿈마을 ↔ 샘마을
- 인덕원 주요 지역 비교

임장 가서
이런 포인트를 보고 질문하자

임장 갔을 때 부동산 소장님들한테 질문하기 어려우시죠? 아래 임장 포인트와 질문을 숙지하고 부동산에 들어가면 훨씬 더 편하게 질문할 수 있습니다.

- ☐ 평촌에서 돈 벌면 어디로 가고 싶어 하나요?
- ☐ 어떤 사람들이 평촌으로 이사 와서 살고 싶어 하나요?
- ☐ 범계역, 평촌역 역세권을 기준으로 위아래 단지들 선호 단지는 어떻게 되나요?
- ☐ 여태까지 투자자가 많이 들어온 단지가 있다면 어떤 단지인지, 왜 많이 들어왔나요?

- [ ] 인덕원 쪽 매매 / 전세가 빠진 것에 대한 평촌 주민들의 반응은 어떤가요?
- [ ] 이전 입주장에서 전세, 매매가 가장 많이 빠졌던 단지는 어떤 곳인가요?
- [ ] 다주택자나 실거주가 던지는 물건 있는 분위기인지?
- [ ] 급매는 어떤 식으로 거래가 돼 왔고 현재 흥정(네고)이 가능한 분위기인가요?
- [ ] 리모델링 호재, 교통 호재에 대한 평촌 주민들의 반응이 있나요?
- [ ] 「노후도시특별법」에 따른 단지별 분위기 차이가 있나요?
- [ ] 재건축 진행하는 단지가 있을까요?
- [ ] 전세 / 월세 / 반전세 수요에 대해 얼마나 거래가 됐고, 대기수요가 있을까요?
- [ ] 분양 단지에 대한 평촌 주민들의 반응은 어떤가요?

현장의 목소리
(9~10월, 12월, 2~3월)

2022년 9~10월, 12월, 2023년 2~3월 세 시기에 걸쳐 현장을 돌아보았습니다. 현장의 목소리를 요약했을 때는 다음과 같았습니다.

- 9~10월에는 아주 잠잠했습니다. 매매도 거의 없었고, 전세도 움직임이 없었습니다.
- 12월에는 많이 빠진 급매, 몸집이 작은 소형 단지들 위주로 거래가 되기 시작했습니다.
- 2월 말에 갔을 때는 급급매는 소진됐고, 조금씩 가격을 올리려는

매도자와 매수자 간의 줄다리기(추격매수세는 거의 없음) 실거주자
의 움직임이 있는 상태였습니다. 소형 단지들의 거래는 지속되고
있습니다. 목련 2단지는 줄 서서 볼 정도….

• 「노후계획도시 정비 및 지원에 관한 특별법」은 평촌에 크게 영향
을 주진 않았습니다. 다만, 리모델링 단지들이 고민하게 만드는
떡밥이 된 것 같은데요. 리모델링 추진 단지들의 움직임을 살펴
보는 게 좋을 것 같습니다.

• 인덕원 단지들과 평촌은 수요나 움직임 자체가 달라서, 평촌을
보고 인덕원의 흐름을 예측하거나 그 반대를 하는 건 크게 의미
가 없다고 느꼈습니다.

지금은 매매시장이 매우 잠잠해 다음 장을 준비해볼 수 있는 기회라
고 생각해요. 평촌은 학군지 수요 때문에 가격이 움직이니 상승 시기에
오른 단지들이 다소 고정되어있는 편이기도 합니다. 특히 전세가가 먼
저 올라가기 시작하는 단지들이 눈여겨봐야 하는 단지일 것 같습니다.

평형대별 리딩 단지

사전 조사하면서 미리 꼽아본 단지에 부동산 소장님께서 리딩 단지라고 말씀하시는 곳들을 교차해서 평형대별로 일부 리스트를 뽑아보았습니다. 이 단지들의 과거와 현재 흐름을 미리 파악하면, 다음 상승장 때 더 올바른 판단을 할 수 있을 거라고 기대합니다.

30평대
• 꿈현대
• 목련6
• 은하수 청구
• 무궁화 효성 한양

- 더샵 센트럴시티

20평대

- 향촌마을 20평대
- 무궁화 경남, 금호
- 샛별마을 한양 1~6
- 한가람 신라, 세경
- 초원 대원

다음 장을 준비하자 : 투자 전략

마지막으로 제가 생각하는 투자 전략을 소개해볼까 합니다.

매수 시기

- 평촌은 매매가와 전세가가 동반 하락하고 있는 지역 중 하나예요.
- 하지만 가치가 없는 지역은 절대 아니에요.
- 꾸준히 모니터링하다가
  - 평촌의 전세가가 올라가기 시작하는 시점을 보고 사거나
  - 전세가와 상관없이 저점 시그널을 보고 들어갈 수 있을 듯해요.

평형

- 30평대 이상을 매수한다면 다음을 고려할 것 같아요.

  - 학군지라서 10대 자녀가 있는 가정은 30평대 수요가 높을 것으로 생각해요. 사춘기 자녀가 있는 가정에 20평대는 매우 좁아요. 가진 투자금에 여유가 있다면 30평대 이상을 포트폴리오로 고려해 볼 수 있을 것 같아요.

    └ 가능하다면 리딩 단지, 이 지역의 학군 대표단지 위주로 살펴보는 게 가장 좋다고 생각해요. 대장은 항상 옳으니까요.

    └ 한편, 가성비가 있을 거라고 부동산 소장님이 말씀해주신 생활권들은 다음과 같아요.

      - 학원가를 도보로 이용할 수 있을 만큼 가깝지만, 학군이 비교적 떨어지기 때문에 가격이 비교적 저렴한 생활권. 그래서 가격이 다른 리딩 단지들보다 가벼워서 투자수요가 붙을 가능성이 커요.

      - 대지지분 높아 재건축의 가능성이 다른 단지들에 비교해 높은 단지도 살펴보는 게 좋을 것 같아요. 생활권이 메인 입지랑 조금 떨어진 생활권의 단지를 추천해 주셨어요. 다만, 주의해야 할 점은 전세가격이 받쳐주기 어려운 지역이라 전세 갭투자를 하기에는 조금 리스크가 있어 보여요.

- 10평, 20평대를 매수한다면 다음을 고려할 것 같아요.
  - 평남의 소형 평형 대표단지들을 살펴보세요.
    └ 평촌 학원가와 가깝지만 가격이 비교적 가벼워서 투자자가 접근하기 쉽거든요.
  - 평북의 재건축, 리모델링 대표단지도 생각해볼 것 같아요.
    └ 임차 수요가 매우 풍부해요.
    └ 매가가 3~4억이라 가격이 정말 말 그대로 가볍기 때문에 부담이 적을 것 같아요.

매수 방법

- 꾸준히 모니터링하다가 경매나 급급매로 시세보다 싸게 매수하면 어떨까 생각해보았어요.
- 앞으로의 입주물량을 봐서는 2년 동안 계속 기회를 줄 것 같아요.

투자 기간

- 단기간(2~4년) 내에 급등을 노릴 수는 없을 것 같아요.
- 수요가 꾸준히 있어서 장기적으로 가져갈 포트폴리오로 고려해볼 수 있는 지역이라고 생각해요.

매도 시기

- 전세가 오르는 시기에 싸게 샀다면, 장기간 팔지 않아도 되지 않

을까 싶어요.

- 다음 대세 상승장이 시작되는 시기에 팔면 수익금을 극대화할 가
능성이 커질 것 같아요.

여러분이 생각하시는 기준과 투자금, 방법에 따라 입맛에 맞게 선택
할 수 있는 단지들이 많은 도시가 안양 평촌신도시입니다. 임장 많이
다녀 보시고, 성투하시길 기원하겠습니다.

4장

다르기에
더 특별하다, 중동
― 송아

보고서 장점

"나는 데이터가 힘들어요~"하시는 분들에게 더욱 도움이 되는 임장보고서입니다. 지금은 데이터도 잘 다루시지만, 처음부터 지금까지 현장 조사에 강하신 송아님이 부동산중개업소의 사장님들을 들었다 놨다 하며 캐낸 정보를 알차게 자료와 함께 정리해 놓았습니다. 현장 조사를 위해 부동산중개업소에 방문해서 질문을 하더라도 어느 정도는 알아야 질문이라도 할 수 있습니다. 그리고 부동산 사장님의 말이 무조건 맞는 것은 아니기에 들은 정보가 맞는지 확인도 해야 합니다. 현장에서 질문을 할 때 필요한 정보, 들은 내용이 맞는지 확인할 때 필요한 정보를 원한다면 이 임장보고서를 확인하시면 됩니다.

챙겨볼 포인트

중동 현장 조사를 할 때 기본적으로 알아야 지역 특징, 핵심 질문 시 필요한 시기별 변화된 시세와 거래량 등이 잘 정리되어 있습니다. 자료를 바탕으로 부동산중개업소에 가서 질문하셔서 자료의 내용과 현장의 분위기가 어떻게 다른지 비교해 본다면 데이터와 현장과의 간극을 줄일 기회의 시간이 될 것입니다.

그리고 현장에 나가 단지를 조사할 때, 어떤 것을 확인해야 하는지에 대한 답과 내가 본 것이 맞는지 의구심이 들 때 기준을 잡아줄 내용이 있으니 프

린트해서 참고하며 임장을 다니면 시간을 아끼고, 조사의 효율성을 높일 수 있을 것입니다.

중동신도시를
봐야 하는 이유

중동신도시는 1990년대 초에 개발되어 부천시 상동과 중동 일대에 지어진 1기 신도시이며, 중동신도시와 한 몸으로 붙어 있는 상동지구는 중동신도시 조성 이후 2000년대에 개발된 택지지구로서 엄밀하게는 중동신도시에 포함되지 않지만, 사실상 하나의 도시로 간주합니다.

특징과 장점

서울시의 아파트 가격은 높은 것에 비해 중동신도시는 상대적으로 낮은 가격으로 서울시 진입이 어려운 수요층이 선택한 지역입니다. 중동신도시는 지하철 1호선과 7호선이 연결되어 서울시의 핵심 일자리 접근성이 좋은 입지적 장점을 가지고 있습니다. 게다가 백화점, 대형마트, 아울렛, 대학병원, 시청 등 기타 편의시설이 모두 갖춰진 지역으로 편리하게 이용할 수 있어 거주 만족도가 매우 높습니다.

따라서 중동신도시는 한마디로 서울 접근성이 뛰어나고, 생활 편의시설이 풍부하여 신혼부부들이 소형평수로 거주를 시작해 더 큰 평형대로 이동하며 꾸준히 머무르는 실수요가 탄탄한 지역입니다.

지역	평단가(만원)	전세율
분당신도시	3,771	49%
평촌신도시	2,527	54%
산본신도시	1,777	59%
중동신도시	1,759	60%
일산신도시	1,540	58%

1기 신도시 평단가 및 전세율(참고: 부동산지인 2023년 2월 기준)

리모델링

중동신도시는 1기 신도시에서 용적률이 가장 높은 지역입니다(226퍼센트). 1993년 입주를 시작했으니 이제는 햇수로 30년이 되었습니다. 아파트가 노후화되어 재건축이 가능한 시기가 되었으나 중동신도시는 1기 신도시 중 용적률이 가장 높습니다. 재건축 사업성은 낮은 지역으로 몇몇 단지는 리모델링을 추진 중이며 다른 1기 신도시의 재건축 및 리모델링이 진행되면 중동신도시도 함께 진행될 것으로 보입니다.

임장하기 전 지역조사 및
과거 흐름 파악하는 방법

지역조사

① 부천시 입지와 위치

중동신도시 위치 (출처: 카카오맵(https://map.kakao.com))

부천시는 경기도 중서부, 서울시와 인천시 사이에 있는 도시로, 서울(구로구, 양천구, 강서구) 서쪽으로는 인천시(계양구, 부평구, 남동구) 남쪽으로는 시흥시와 광명시와 인접하고 있습니다. 1990년대 1기 신도시 계획에 따라 중동신도시가 건설되고, 2000년대에 중동신도시의 연장인 상동지구도 건설되었습니다.

② 행정구역

중동신도시는 신중동, 상동 일부(한아름, 반달마을, 구 상1동), 중동 일부(사랑마을, 꿈동산, 구 상동)를 말합니다. 중동신도시 중3동, 중4동 지역

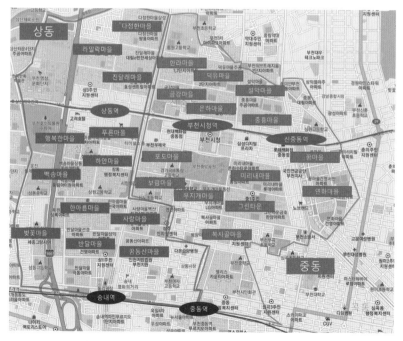

중동신도시 지역 구성 (출처: 카카오맵(https://map.kakao.com))

은 대한주택공사, 한국토지공사, 부천시가 지역을 세 개로 나누어 건설하여 주공아파트로만 이루어져 있습니다(한라, 금강, 덕유, 설악, 은하, 중흥마을).

③ 부천시 인구 및 세대수

부천시 인구수는 약 79.7만 명입니다. 2010년 최고점 이후로는 점차 감소하고 있으며 2022년에 인구 80만 명 선이 붕괴되었습니다. 하지만 3기 신도시로 지정된 부천시 대장동이 완공되면 인구 증가를 기대해 볼 수 있습니다.

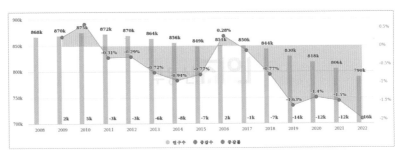

부천시 인구수 변화 추이 (출처: 부동산지인)

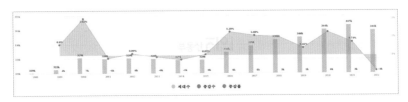

부천시 세대수 변화 추이 (출처: 부동산지인)

④ 전출입 인구와 평단가 비교

서울시 구로구와 광명시의 인구가 부천시로 전입해왔으며, 부천시의 인구는 인천시 부평구, 서구, 연수구 및 시흥시로 유출되고 있습니다. 인근 지역에 신축 입주 시, 새아파트를 선호하는 부천시의 인구가 신축이 생기는 지역으로 이동하는 것으로 나타납니다. 부천시는 다른 도시와는 달리 면적이 좁고 개발할 수 있는 땅이 더 이상 남아 있지 않습니다. 또한 기존 주거지가 서서히 노후화되어 인접한 지역(인천시, 김포시, 시흥시, 고양시 등) 택지개발로 인해 부천시의 인구가 유출되고 있습니다.

구분	평단가(만 원)
구로구	2,744
광명시	2,339
부평구	1,306
부천시	1,759
시흥시	1,296

2023년 2월 기준 부천시 인근 지역의 평단가

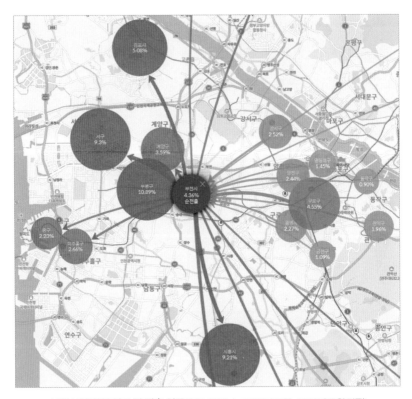

부천시의 전입 인구 및 전출 인구(출처: 호갱노노 2020년 12월~2022년 12월 기준)

⑤ 교통

- 부천시는 지하철 1호선과 7호선이 연결되어 있어 핵심 일자리가 있는 서울 접근성이 뛰어난 지역입니다.

- 지하철 7호선으로 환승 없이 한 번에 연결된 '가산디지털단지'는 약 30분 이내로 이동할 수 있습니다. 따라서 가산디지털단지에 일자리가 있는 수요층이 7호선 라인의 중동신도시에 거주지를

선택할 가능성이 큽니다.

- 또 다른 핵심 일자리가 위치한 강남은 지하철 60분, 여의도는 지하철 50분, 마곡은 지하철 50분, 판교는 지하철 1시간 20분 소요됩니다.

- 경인고속도로와 외곽순환도로가 연결되어 고속도로 접근이 편리합니다.

- 부천시는 서울시와 인천시의 중간에 위치하여 핵심 일자리가 많은 서울 출퇴근 수요는 물론, 인천에 직장이 있는 수요층 또한 거주를 선호하는 지역입니다.

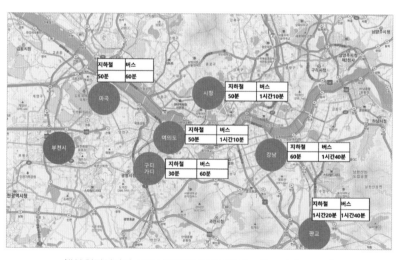

핵심 일자리까지 소요 시간 (출처: 카카오맵(https://map.kakao.com))

⑥ 학군

- 1기 신도시 중 학군으로 선호되는 지역은 분당, 평촌, 일산이 해당됩니다.
- 중동신도시는 학군의 수요가 높다고 할 수는 없으나 부천시 내에서 선호도 높은 중학교는 상동에 위치하였으며 학업성취도 및 특목고 진학률 모두 높은 것으로 나타납니다.
- 선호하는 중학교는 석천중학교, 상일중학교, 계남중학교가 있습니다.
- 상동중학교는 큰 도로를 지나 자리하고 있어 중동과 상동 내에 있는 다른 중학교에 비해 선호도가 낮은 편입니다.
- 상동지구가 완성되기 전까지는 중동신도시 계남중학교 선호도가 높았습니다.
- 상동역 인근에 학원가 숫자가 가장 높으며 다음으로는 계남중학교가 있는 미리내마을 인근에 두 번째로 많은 숫자의 학원가 형성되어 있습니다.

순위	위치	학교명	응시자수	국가수준 학업성취도 평가 (보통학력이상)				진학률			졸업자 수
				평균	국어	영어	수학	특목고 진학률	특목고 진학수 (과학고/외고국제고)		
1	부천시 상동	석천중학교	361명	91.0%	96.9%	92.0%	84.2%	4.0%	14명 (0명/14명)		342명
2	부천시 상동	상일중학교	291명	89.2%	95.5%	88.3%	83.8%	3.0%	9명 (4명/5명)		292명
3	부천시 범박동	부천일신중학교	423명	88.9%	95.3%	85.6%	86.0%	3.0%	12명 (1명/11명)		397명
4	부천시 상동	상동중학교	256명	87.5%	96.1%	86.4%	80.2%	0.0%	0명 (0명/0명)		68명
5	부천시 중동	중흥중학교	343명	86.6%	95.0%	87.2%	77.6%	2.9%	7명 (2명/5명)		241명
6	부천시 상동	부인중학교	242명	85.1%	90.5%	83.9%	81.0%	2.3%	5명 (0명/5명)		209명
7	부천시 중동	계남중학교	294명	84.3%	91.2%	85.4%	76.5%	3.1%	7명 (1명/6명)		222명
8	부천시 중동	부명중학교	237명	82.1%	92.4%	77.2%	76.8%	2.2%	4명 (1명/3명)		180명
9	부천시 여월동	까치울중학교	217명	80.2%	94.0%	76.1%	70.6%	4.3%	7명 (0명/7명)		160명
10	부천시 소사본동	소사중학교	250명	79.4%	92.0%	74.0%	72.4%	4.7%	7명 (0명/7명)		147명

부천시 중학교 학군 리스트(학업성취도순) (출처: 아실)

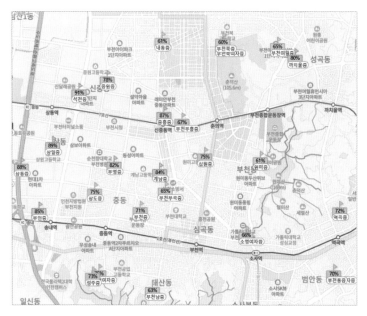

부천시 중학교 학업성취도 (출처: 아실)

부천시 학원가 규모 (출처: 호갱노노 2023년 2월 기준)

⑦ 상권 및 편의시설

7호선 3개 역의 2km 이내에 백화점 2개(롯데, 현대), 이마트, 홈플러스, 뉴코아아울렛, 세이브존, 부천종합터미널이 위치해 있으며, 신도시 규모에 비해 상업 및 업무지구의 비중이 굉장히 높은 편입니다. 면적이 훨씬 큰 분당이나 일산과 맞먹는 수준입니다. 서울시와 인천시의 중간이라는 지리적 이점을 활용하여 상업 중심지를 발전시키기 위함입니다. 그러나 상업용지의 지나친 배정으로 인하여 아파트 고밀도화와 공원용지 배정이 축소된 점은 아쉽습니다(부천중앙공원, 상동호수공원).

부천시의 택지 (출처: 카카오맵(https://map.kakao.com))

⑧ 일자리

• 부천시는 산업단지와 물류단지가 들어와 있어 일자리가 있으나,
규모가 큰 일자리를 찾기는 어렵습니다.

부천시의 지적편집도 (출처: 카카오맵(https://map.kakao.com))

부천시의 산업단지 (출처: 카카오맵 스카이뷰 (https://map.kakao.com))

공급물량

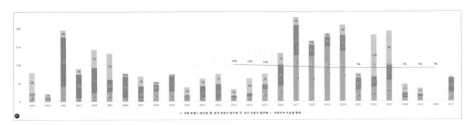

인천시 부평구, 부천시, 시흥시의 수요/입주 (출처: 부동산지인)

2022년과 2023년 부천시의 공급물량이 많지는 않으나, 인구 유출이 많은 인근 지역(인천시 부평구, 서구, 시흥시)을 포함하면 적정선을 두 배가 넘는 엄청난 공급물량입니다. 구체적인 입주 단지로 인천시 부평구는 2023년 6월 힐스테이트 부평(1,409세대), 2023년 10월과 11월 e편한세상 부평그랑힐스(5,050세대), 부평캐슬앤더샵퍼스트(1,623세대), 인천 서구에 위치한 검단신도시는 2023년 한 해 동안 입주물량이 약 16,000세대가 예정되어 있습니다.

부천시 내에 선호도가 높은 상동과 중동은 인천시 혹은 부평구로 전출하려는 수요가 적은 편이며, 부천시 특히 중동신도시와 상동지구로 전입하려는 수요가 많은 편이나 신축에 대한 니즈가 있는 수요층은 이동할 수 있습니다.

위치에 따라 인근 신축단지 입주가 시작되면서 인근 지역 아파트는 전세가 및 매매가 영향을 받을 수 있습니다. 투자목적의 아파트 매수를 하게 되면 세금 문제로 인해 최소 2년 이후에 매도가 가능할 것인데, 이 매도시기와 주변 신축 입주시기가 동일하면 적절한 가격으로 매도가 어려울 수 있습니다. 그러므로 구체적인 신축 입주시기를 파악하여 입주물량이 없는 시기로 만기 일정을 맞추는 전략이 필요합니다.

7호선 역세권 단지는 부천시 내에서 가장 선호도가 높은 위치로, 교통 및 상권을 이용하려는 수요와 상동의 학교를 보내기 위한 수요가 꾸준합니다.

공급물량에 따른 과거 가격 흐름

2016~2018년 부천시의 공급물량이 적정선을 초과하였음에도 매매가와 전세가는 하락 없이 평단가를 유지했습니다. (당시 부천시를 제외한 1기 신도시의 매매가격은 모두 하락하였습니다) 부천시의 인구 대부분은 중

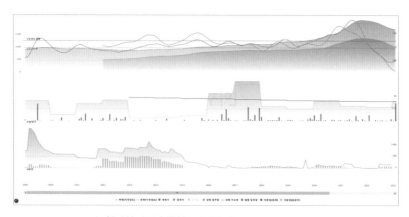

부천시의 가격 흐름/수요공급/미분양 (출처:부동산지인)

동과 상동에 집중되어 있으며, 아파트 가격에 영향을 주는 지역이므로 위치에 따라 일시적인 조정이 있으나 수요층이 탄탄하다는 것을 알 수 있습니다.

동별 평단가 및 전세율

부천시의 동별 평단가 상위 지역으로는 여월동, 옥길동, 중동, 약대동, 상동, 역곡동이 있습니다. 반면 평단가가 가장 낮은 지역으로는 심곡본동, 고강동이 있습니다.

지역(단지수)	매매	전세	전세율
여월동(8)	2,212	1,142	49%
약대동(7)	1,982	1,234	62%
역곡동(19)	1,954	1,079	55%
중동(81)	1,890	1,169	61%
옥길동(12)	1,827	1,046	57%
상동(19)	1,815	1,171	64%
원미동(5)	1,751	1,068	51%
원종동(5)	1,710	830	48%
괴안동(27)	1,695	962	57%
송내동(29)	1,694	1,027	58%
오정동(12)	1,568	890	56%
소사본동(31)	1,512	896	59%
범박동(8)	1,485	837	56%
심곡본동(14)	1,400	822	55%
고강동(13)	1,222	726	59%

2023년 3월 기준 부천시의 동별 평단가

임장하며 입지 분석, 현재 흐름과 현장 분위기 파악

주요 단지 정보

단지명	평형대	특징	사진
행복한 금호어울림	34평	• 상동역과 상권을 도보로 이용할 수 있음. • 상일초등학교에 배정받기 위한 수요가 많음. '초품아', '중품아' 단지. 그중에서도 상일중학교의 선호도가 높음. • 전세로 들어왔다가 매수로 변경하는 경우가 많음. • 실거주 수요가 탄탄하며 매물이 많지 않음. • 금호어울림에 거주하다가 대형 평형인 서해그랑블로 이동하는 경우가 많음. • 상동호수공원과 가까우며 일부 동은 상동호수공원뷰.	

푸른 창보밀레시티	33평	• 상동역과 상권을 도보로 이용할 수 있음. • 초등학교 등교 시 길을 건너야 한다는 불편사항이 있으나 선호도가 높은 상일중학교에 배정받을 수 있음. • 세대수 330세대	
푸른 한라비발디	25평	• 상동역과 상권을 도보로 이용할 수 있음. • 상일초등학교에 배정받을 수 있으나 횡단보도를 건너야 한다는 단점이 있음. • 세대수 382세대	
진달래 효성	33평	• 상동역 북부 역세권 단지이며 석촌중학교에 배정받는 단지임. • 지하 주차장이 연결되어 있음. • 학원가 및 상권 도보로 이용 가능. • 자녀를 석촌중학교에 보내기 위해 중동에 전·월세로 아파트를 보유한 상태에서 '진달래 효성'으로 이사하여 월세로 거주하는 수요층 있음. • 실거주 수요가 탄탄하며 매물이 많지 않음.	
포도 삼보영남	22평, 27평, 30평	• 역세권이며 부천시청, 현대백화점, 이마트, 대학병원, 중앙공원 및 상권을 도보로 이용 가능함. • 신도초등학교에 배정받는 단지.	

미리내 금호한양한신	16평, 30평	• 상동지구가 생기기 전까지는 미리 내마을의 학군 선호도 가장 높았음. • 인근에 초등학교, 중학교, 고등학교 가 모두 있으며 '초품아' 단지임. • 선호도가 높은 계남중학교 배정 시 특목고 진학 가능성 높음. • 7호선 지하철역, 시청, 백화점, 이마 트 도보 이용 가능함. • 역세권의 매우 큰 상권이 가까움. • 부천중앙공원 이용 가능.	
금강마을	16 ~30평	• 역세권 단지로 주공 아파트임. • '초품아' 단지. • 작은 평수에서 30평형까지 평형대 가 다양해 신혼부부부터 자녀가 있 는 가족 수요층까지 커버 가능함. • 일부동은 계남공원뷰.	
한라마을	16~23평	• 리모델링 추진 속도가 가장 빠른 단 지. • 투자자들이 가장 많이 매수한 단지. • 리모델링 호재로 인해 급매가 많이 나오지는 않음. • 중원초등학교와 부광초등학교 나누 어서 배정됨	

설악주공	17/20평	• 지하철역에서 가장 먼 단지. • 지하 주차장이 없어 다른 단지에 비해 선호도가 낮은 편임.	
연화 쌍용	22평, 30평, 45평	• 신중동역 인근에 위치한 단지로 꿈마을과 연화마을을 함께 위치함. • 중동신도시에 서울과 가까운 곳에 위치하며 큰 도로가 있어 중동신도시와 생활권이 나누어짐. • 위브더스테이트의 큰 상권을 도보로 이용 가능. • 초등학교 2개, 중학교, 고등학교 모두 갖추고 있음.	
한아름 라이프현대	22~30 평	• 7호선과 1호선의 가운데. • 상대적으로 가격이 저렴해 신혼부부, 어린 자녀를 키우는 가정의 문의가 많음. • 부동산에서 확인했을 때 부개동과 인접해 부평 SK해모로와 부천 일루미스테이트 입주로 인한 영향이 예상됨.	

반달	12 ~30평	• 구시가지 상권이며 1호선 송내역 지하철 역세권 단지. • '초품아', '중품아' 단지. • 소형 평수가 많아 주차난이 심각함. • 같은 마을이지만 건영, 동아, 선경의 경우 구역별로 주차장 자동 게이트가 설치되어 있어 주차장을 공유하지 않음.
팰리스카운티	24평, 34 ~49평	• 주공아파트를 재건축한 2009년식 중동 준신축 단지. • 단지와 단지 사이에 큰 도로가 있어 다른 단지와 선호도 및 가격 차이가 있음. • 세대수 3,000세대 이상의 대단지임. • 초등학교, 중학교가 단지 내에 있으며 거주민인 학생만 배정됨. • 기부채납으로 일정 기간 이후 주변에서 입학이 가능하나 현재 과밀상태로 주변 입학이 사실상 어려움. • 입주 시 중동신도시에서 많이 이동했으며 세대수가 많아 주변 신축단지 입주에 의한 영향이 있음.

상승/하락 시기별 매매가격증감률 및 거래건수

(실거래가 신고기한 이전에 확인하여 실제건수와 증감률 변동이 있을 수 있음)

A. 상동 학군 배정 단지 가격증감률 (호갱노노 기준)

구분	단지	평형	매매 가격 증감률 (기준 2021.10~2022.11)	매매 가격 증감률 (기준 2022.11~2023.02)
석촌중학교	진달래효성	34평	−22.6%	0.4%
	진달래대림e편한세상	34평	−16.7%	−4.1%
	라일락 대우유림	35평	−14.6%	−
상일중학교	푸른창보밀레시티	792	−21.5%	6.3%
	행복한 금호어울림		−27%	−11.1%
	행복한 한양수자인		−16.1%	−2.1%
계남중학교	미리내 금호, 한양, 한신	309	−7.5%	−7.4%
	미리내 롯데		−	−
	미리내 동성		−	5.7%

B. 주요 단지 가격증감률

단지	평형	매매 가격 증감률 (기준 2021.10~2022.11)	매매 가격 증감률 (기준 2022.11~2023.02)
금강마을 주공	17평	−33.5%	14.6%
한라마을 주공1,2단지	17평	−17.7%	−0.7%
반달 선경	23평	−30.7%	−1.4%
은하마을 주공2단지	20평	−22.1%	−7.1%
한아름 라이프현대	31평	−29%	3.6%
포도 삼보영남	28평	−20.2%	−9.8%
보람마을 아주	31평	−21.3%	0.3%
팰리스카운티	33평	−26.2%	−7%
라일락 신성미소지움	26평	−33.9%	11.7%
푸른 한라비발디	27평	−23.2%	−8.3%
백송 풍림아이원	26평	−24.7%	1.4%

C. 2022년 12월~2023년 2월 매매거래 건수

구분	평형	건수	금액대
한아름 삼환,동아,동성	31평	10건	3.7~4.77억
백송 풍림아이원	26평	6건	4.0~4.99억
라일라 신성미소지움	26평	10건	4.6~5.25억
진달래 효성	34평	3건	7.0~7.05억
푸른 창보밀레시티	35평	2건	7.3~8.0억
보람마을 아주	31평	4건	4.4~6.3억
미리내 은하수타운	12평	17건	2.0~2.4억

D. 2022년 12월~2023년 2월 전·월세 거래 건수

구분	평형	건수	금액대
금강마을 주공	17평	35건	1.5~2.0억
한라마을 주공2단지	17평	34건	1.1~2.1억
설악 주공	18평	38건	1.47~2.3억
미리내 은하수타운	12평	44건	1.23~2.1억
반달 건영/동아/선경	22평	23건	1.8~2.6억
라일라 신성미소지움	26평	26건	2.7~4.0억
진달래 효성	34평	10건	3.96~5.5억
푸른 창보밀레시티	35평	8건	3.8~4.9억
포도 삼보영남	28평	12건	3.1~3.75억

E. 대표적인 역세권 소형 평형 단지(2023년 2월 기준)

단지	평형	매매 가격	전세 가격	차이
반달극동	16평	2.5억	1.4~1.7억	1.1~0.8억
금강마을	17평	2.95억	1.6~1.8억	1.35~1.15억
한라주공2단지	17평	2.7억	1.6~1.8억	1.1억~0.9억
미리내은하수타운	12평	2.4억	1.4~1.7억	1.0억~0.7억

역세권 소형 평형 단지 가격표

현재 흐름을 파악하기에 가장 중요한 현장 분위기

① 정부 정책(노후계획도시특별법, 특례보금자리론) 발표 이후 거래가 잘되는지?

- 이전의 상승장에서 '1기 신도시 특별법' 발표가 나왔을 때는 물건 보지도 않고 거래했지만 지금은 그런 분위기는 아닙니다.

- 대출규제 완화(특례보금자리론)로 인해 1월에 일부 단지 매매 몇 건 거래가 되었으며 A급단지의 경우 원하는 가격으로 내려가면 매수하고자 하는 대기자는 많습니다.
- 매도자는 가격을 더 떨어트려 거래하고 싶어 하지 않는 상황입니다.
- 전세 사기에 대한 뉴스와 신문 기사로 인해 세입자들이 높은 전세가격 거래하는 것에 대한 공포심리가 있습니다.
- 지역 내 인기단지들은 하락장에서도 가격만 합리적이라면 무조건 거래가 됩니다.

② **상동(행복한마을)에는 매물이 적은데 중동에 매물이 많이 쌓인 이유는?**
- 상동은 중대형 평형이 많고 중동은 소형 평형이 있습니다. 상동은 투자자들의 접근이 상대적으로 어려우나 중동은 투자금액이 적은 단지들의 경우 투자자들이 많이 매수하였습니다.

③ **중동과 상동의 차이점은?**
- 상동에서 바라보는 중동과 신중동은 매우 낡아서 이동하려는 수요는 거의 없습니다.
- 부천시 내에서 주요 학군은 모두 상동에 있으며 아파트 단지의 상대적으로 연식이 중동보다 늦으며 3bay 구조와 일부 단지는 지하주차장이 연결되어 있어 상동의 선호도가 높아 상

동의 아파트 가격이 비쌉니다.

④ **상동의 북쪽과 남쪽의 차이점은?**

- 북쪽과 남쪽의 이동이 아닌 같은 지역 내에서 수평으로 이동을 많이 합니다.(20평 → 30평 → 40평대로)

- 남쪽의 단지가 북쪽의 단지에 비해 가격이 약간 높은 편입니다.

- 북쪽 단지의 뷰는 상동역 역세권 상업시설(유흥시설 포함) 및 높은 건물들이 보이지만, 남쪽 단지의 뷰는 대부분 아파트 단지들로만 형성되어 있어 일부 높은 층의 단지는 성주산, 소래산뷰가 보입니다.

- 두 지역의 단지 모두 선호하는 학군(석촌중, 상일중)과 역세권에 핵심 위치에 있으며 개인의 차이는 있을 뿐 모두 수요가 높은 단지입니다.

북쪽(상3동):	진달래마을_효성, 라일락마을_대우유림
남쪽(상2동):	푸른마을_창보, 행복한마을_금호

⑤ **학군 선호도의 수요가 있는지?**

- 진달래 효성, 써미트빌아파트가 상일중으로 배정되었으나 근거리에 있는 석촌중으로 배정이 변경되었습니다.

- 상일중학교 과밀로 인해 백송마을과 하얀마을은 상동중학교

로 배정받았으나 제1순환고속도로를 지나 약간 후미진 곳에 위치하여 선호도가 떨어집니다.

- 원하는 학교를 선택하여 입학할 수 있게 변경하였으나 상일중으로 집중적으로 몰려 상동중의 학생 수가 부족해지는 상황

- 학교 배정에 따라 아파트 가격에 전반적으로 영향을 미치고 있으며 한참 시간이 필요한 부천영상문화단지에 약 6,100세대 주거지 완성이 되면 선호하는 학군지 수요에 따른 이동이 생길 수 있습니다.

석천중학교	2021년 기준 총 1,181명
상일중학교	2021년 기준 총 923명
상동중학교	2021년 기준 전교생이 182명

핵심적인 호재

① 1기 신도시 특별법

- 2022년 기준 1기 신도시 대부분 아파트가 지어진 지 30년 안팎이 되었습니다.

- 대규모 입주가 끝나는 1995~1996년에 완공된 아파트 단지 기준으로 2025~2026년이 되면 준공 30년이 넘어가게 됩니다.

- 1기 신도시의 아파트 단지들은 일산신도시를 제외하고 모두 용적률이 200%에 이르러 재건축의 수익성이 낮아 대부분의

아파트 단지가 리모델링을 고려하고 있습니다.

- 용적률이 높은 아파트들은 재건축 사업성이 낮아 리모델링을 추진하는 추세였으나, 주택공급 활성화, 재건축 규제 완화 움직임 등이 나타나면서 일부 아파트들은 재건축 쪽으로 방향을 트는 모습을 보이고 있습니다.

[집잇슈] 1기 신도시, 재건축이냐 리모델링이냐 [비즈워치 2021. 05. 10]

[단독] 용적률 300~500% 고밀주거지역, 일산·분당 1기 신도시 [머니투데이 2022. 06. 28]

일산신도시 현황과 용적률	
가구 수	6만 9000
최초 입주	1992년 9월
현재 용적률 평균	169%
지구단위 계획상 용적률 제한	임대주택 195%, 분양 아파트 210%

중동신도시 현황과 용적률	
가구 수	4만 1400
최초 입주	1993년 2월
현재 용적률 평균	226%
지구단위 계획상 용적률 제한	구역별 210~220%

평촌신도시 현황과 용적률	
가구 수	4만 2000
최초 입주	1992년 3월
현재 용적률 평균	204%
지구단위 계획상 용적률 제한	구역별 160~200%

산본신도시 현황과 용적률	
가구 수	4만 2000
최초 입주	1992년 4월
현재 용적률 평균	205%
지구단위 계획상 용적률 제한	구역별 200~230%

분당신도시 현황과 용적률	
가구 수	9만 7600
최초 입주	1991년 9월
현재 용적률 평균	184%
지구단위 계획상 용적률 제한	아파트 단지별 90~212%

② 3기 신도시 부천대장지구

◆ **부천대장과 서울마곡 ~인천계양을 연계한 서부권 기업벨트 조성**
◆ **굴포천변 친수 생태공원 조성 등 친수환경 주거단지 조성**

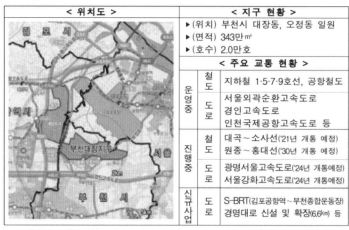

< 위치도 >	< 지구 현황 >		
	▶ (위치) 부천시 대장동, 오정동 일원 ▶ (면적) 343만㎡ ▶ (호수) 2.0만호		
	< 주요 교통 현황 >		
	운영중	철도	지하철 1·5·7·9호선, 공항철도
		도로	서울외곽순환고속도로 경인고속도로 인천국제공항고속도로 등
	진행중	철도	대곡~소사선('21년 개통 예정) 원종~홍대선('30년 개통 예정)
		도로	광명서울고속도로('24년 개통예정) 서울강화고속도로('24년 개통예정)
	신규사업	도로	S-BRT(김포공항역~부천종합운동장) 경명대로 신설 및 확장(6.6㎞) 등

* 입지 발표 시 수립한 교통대책 이외 지자체 건의 등을 반영하여 추가 교통대책 검토 중

구 분	부천대장	광명학온	안산신길2
면 적	3,430천㎡	683천㎡	757천㎡
호 수	20천 호	4.6천 호	5.6천 호

부천대장(2만 호)은 S-DRT를 중심으로 한 광역교통체계를 구축하고, 인천 계양, 서울 마곡과 연계한 기업 벨트를 조성하여 교통이 편리한 친환경 자족도시로 조성할 계획입니다.

③ 부천영상문화단지

- 주요 사업내용은 영상문화단지 콘텐츠와 관련된 일자리가 만들어질 예정입니다.
- 또한 약 6,100세대의 주거단지가 형성될 예정입니다.

【사업 주요내용】

- 영상 융·복합 뉴콘텐츠 생산 거점화(AR, VR 및 글로벌 IP 등)
- 문화산업 융·복합센터(소니픽처스, EBS 등 국내외 28개 사 유치)
- 영상콘텐츠기업용지 내 관련기업 유치(약 870개 사 입주 가능)
- 미디어전망대(70층), 호텔(300실), 컨벤션센터, E-sports 경기장(300석)
- 주거시설(약 6,100세대, 오피스텔 포함), 문화복합용지(약 10,650㎡) 등

④ 홈플러스 부천상동점 개발계획

- 홈플러스 부천상동점 부지에 주상복합 개발을 계획 중이며 부천시청역 주상복합인 중동힐스테이트와 중동센트럴푸르지오와 같은 초고층 주상복합 예정입니다.
- 구체적인 내용에 대한 발표가 나오지는 않았으나 완성되면

신축이 부족한 부천시 또한 선호하는 위치인 상동역의 단지로 부천의 최고 단지가 바뀔지 기대해볼 만합니다.

⑤ **교통**

- GTX-B노선은 송도에서 신도림, 여의도와 서울역을 지나 남양주 마석으로 이어지는 노선입니다.
- 중동신도시에 정차역은 없지만 GTX-B 부천종합운동장역이 생길 예정이므로 7호선을 이용하여 10분 이내로 접근이 가능합니다.
- GTX-B노선은 여의도, 용산, 서울역으로 이어지는 노선으로 핵심 일자리로 환승 없이 빠르게 도착할 수 있습니다.

수도권 광역급행철도 (GTX-B) 노선 (출처: 네이버 지도)

재건축 진행 가능성

1기 신도시 중에 중동신도시가 가장 먼저 재건축을 진행하기는 어려울 듯합니다. 하지만 다른 1기 신도시의 사업성 높은 지역이 우선 진행되면 중동신도시의 재건축도 진행될 것입니다.

리모델링 진행 중 단지

용적률이 높은 중층 아파트로 촘촘하게 지어진 중동신도시는 재건축 사업성이 낮은 단지가 대부분이라 리모델링을 추진했으나 현재 1기 신도시 특별법 발표에 따라 대부분 진행을 멈춘 상태입니다.

그러나 한아름마을 라이프현대(1단지)는 조합원들이 적극적으로 동의서를 취합하는 등 진행에 속도를 더해 유일하게 리모델링 조합이 설립 인가된 단지입니다. 그 외 대부분의 단지는 연식이 오래된 주공아파트이며, 역세권에 해당하여 추후 역세권 용적률이 완화된다면 사업성이 높아져 재건축 진행을 기대해 볼 수 있습니다.

단지		입주연도	세대수 /용적률	비고	진행 상황 및 특이사항
한아름마을 라이프현대(1단지)		1993년	1,236세대 /218%	비역세권	조합 설립 인가. 부천시에서 가장 빠른 속도로 진행 중.
금강마을주공		1994년	1,962세대 /203%	7호선 역세권	1기 신도시 특별법 공략 이후 멈춘상태.
한라마을	한라주공2단지 (뜨란채)	1995년	2,171세대 (영구임대 925세대 포함) /207%	7호선 역세권	동의서 취합 중.
	한라마을주공3 단지(뜨란채)	1996년	1,201세대 /204%		
은하마을	은하대우·동부	1993년	632세대 /222%	7호선 역세권	동의서 취합 중.
	은하효성·쌍용	1994년	540세대 /220%		
	은하마을 주공2단지	1995년	420세대 /210%		
	은하마을 주공2단지	1995년	795세대 /202%		
덕유마을	덕유주공2단지	1996년	509세대 /56%	7호선 역세권	동의서 취합 중.
	덕유주공3단지	1996년	852세대 /213%		
	덕유주공4단지	1997년	1,046세대 /112%		
미리내마을 통합	미리내 은하수타운	1993년	1,540세대 /212%	7호선 역세권	1기 신도시 특별법 공략 이후 멈춘상태.
	미리내금호, 한양, 한신	1994년	1,008세대 /212%		
	미리내동성	1993년	970세대 /222%		
	미리내롯데	1993년	756세대 /219%		

리모델링 단지별 진행 상황

추천 임장 동선

상동역 남부	행복한마을(금호어울림) → 백송마을(풍림아이원) → 하얀마을(경남아너스빌) → 푸른마을(창보밀레시티, 한라비발디)
상동역 북부	라일락마을(신성미소지움) → 진달래마을(효성센트럴) → 다정한마을(삼성래미안)
부천시청역 북부	금강마을(주공) → 한라마을(주공2,3단지) → 덕유마을(주공2단지) → 은하마을(주공1,2단지) → 중흥마을(주공6단지) → 설악마을(주공)
부천시청역 남부	포도마을(삼보영남) → 보람마을(아주) → 미리내마을(동성, 금호한양한신, 롯데) → 그린타운(삼성우성)
신중동역 남부	꿈마을(삼화,한진) → 연화마을(대원)
송내역 인근	반달마을(극동, 건영) → 한아름마을(라이프현대, 1단지)
중동역 인근	팰리스카운티

현장 분위기를 파악하기에 도움 되는 임장 포인트

- 7호선, 1호선 역세권 북쪽과 남쪽의 생활권 차이 및 수요층.

- 리모델링 추진 단지의 진행 상황 및 특징.

- 1기 신도시 중 부천 중동신도시만의 장점 파악.

임장 후 나의 생각 정리

조사자의 의견 현장 톡톡

우리는 모두 매일 어디론가 출퇴근하기 위해 이동해야 하는데 수도권 내에서 가장 대표적인 교통수단은 지하철입니다. 부동산 투자뿐만 아니라 실거주를 위한 지역 및 단지를 선정할 때 교통이란 부분이 매우 중요한 요소 중 하나입니다.

부천시 중동신도시와 상동지구는 지하철 1호선과 7호선의 교통이 연결되어 있습니다. 이러한 지하철 연결로 인해 주요 일자리가 있는 가산/구로디지털단지, 여의도, 종로, 강남 인근으로 빠르고 편리하게 이동이 가능하여 좋은 지역의 접근성이 매우 높은 지역입니다.

부천시는 서울의 경계 지역에 있어 서울과의 거리가 가깝고 인천을 지나기 위해서 통과해야 하는 지역입니다. 매머드급 도시인 서울시와 인천시 사이에 위치하여 많은 인구가 이동하는 관문 도시의 역할을 하고 있습니다.

중동신도시는 서울과 인천시의 중심축 역할을 하기 위해 다른 신도시에 비해 상업/업무시설의 비중이 굉장히 높아 백화점, 아울렛, 마트, 상업시설이 많은 편입니다. 이러한 많은 편의시설과 지하철 교통으로 인해 1인 혹은 신혼부부의 선호도가 높은 지역 중 하나입니다. 또한 중동신도시는 1기 신도시로서 학원가가 잘 갖춰져 있어 자녀를 둔 3~4인 가정의 선호도 높은 편입니다.

1993년 입주를 시작한 중동신도시는 연한 30년이 되어가므로 구축 아파트단지의 비중이 높은 편입니다. 아파트 밀집도가 높고 중동신도시 내에서는 더 이상 개발할 땅이 부족하여 기존의 아파트 단지들을 재건축의 방법으로 새 아파트를 지을 수 있습니다.

중동신도시는 대부분의 단지들이 이미 용적률이 높은 중층아파트로 되어있습니다. 재건축이 원활하게 진행되기 위해서는 용적률이 낮아야 하지만 중동신도시는 재건축으로 신축을 만드는 것을 기대하기는 어려운 상황입니다. 재건축의 사업성이 낮은 단지들은 리모델링으로 추진하고 있으며 일부 단지는 조합설립인가(한아름 현대1차)로 진행 속도를 내는 중입니다.

2022년 윤 정부 시작된 이후 공약 중 한 가지인 1기 신도시 특별법 (용적률 완화 등) 추진으로 일부 단지들은 재건축으로 방향을 트는 모습을 보이며 진행 속도를 멈춘 상황입니다.

1기 신도시 중 이미 사업성이 더 좋은 지역들이 있어 이러한 지역들이 우선적으로 진행될 수 있으며, 또한 「1기 신도시 및 노후계획도시 특별법」이 어떠한 방식으로 결정되는지에 따라 중동신도시의 재건축 진행 방향과 속도가 많이 달라질 수 있습니다.

중동신도시도 다른 도시들을 따라서 진행 및 개발이 진행될 수 있습니다. 1기 신도시 특별법이 확정되면 중동신도시에도 당연히 적용되므로 충분히 투자 가치가 있습니다. 앞으로 나타날 정책 변화에 따라 시장의 흐름을 관찰하여 실거주를 위한 매수와 투자 타이밍을 결정하면 좋을 것으로 생각됩니다.

5장

작지만 알차고
활발한 도시, 산본
— 풀리

보고서 장점

자신의 머릿속에 정리된 내용을 그대로 글로 옮기기란 쉽지 않은 법입니다. 그러나 생각의 흐름을 고스란히 보고서에 담을 수 있는 능력을 가진 풀리 님이 수많은 시간 고민한 내용을 보고서에 담았습니다. 실수요자든, 투자자든 지역을 어떻게 봐야 하는지 고민이 많습니다. 그럴 때, "아~ 이런 고민이 들때 이런 자료를 찾아보고, 현장에서 이런 요소를 찾아봤구나" 하고 스스로 질문과 답을 찾아가는 맛이 있는 임장보고서입니다. 고민이 되는 질문에 맞게 그에 대한 답을 찾아가는 형식으로 표로 일목요연하게 정리가 되어있어 하나씩 따라가다 보면 자연스럽게 산본 지역이 머릿속에 들어오는 경험을 하게 되실 것입니다. 단지마저도 메인 주제에 맞게 나눠 정리해 두었으니 관심에 따라 단지를 골라 임장을 가기에도 편안하게 해줄 그런 자료입니다.

챙겨볼 포인트

부동산에 전혀 관심이 없었던 사람이 보고서를 보다 보면 이 내용을 다 이해하기 어려울 수 있습니다. 그러나 그때 본인 고민하던 내용만 쏙쏙 골라보더라도 일정 부분 답답한 마음을 해소할 수 있는 정보와 그 근거가 잘 드러나 있습니다. 또한 산본은 리모델링의 천국이라 할 정도로 추진 중인 단지가 많습니다. 그것을 일일이 알아보고 정리하려면 시간도 오래 걸리고 방법도 요원하기 마련입니다. 그러나 걱정할 필요 없이 가장 최신의 진행 상황까지 담긴 단지 리스트가 정리되어 있으니 전문 조사자를 고용하여 알짜 정보만 받아보는 짜릿한 기분까지 느껴볼 수 있습니다. 그리고 현장에서만 알 수 있는 호재의 영향력과 정책 발표에 따른 리모델링 단지들의 분위기, 시기와 입지에 따른 최근의 분위기 차이까지 깔끔하게 정리되어 있으니 그런 부분을 잘 챙겨보시기를 바랍니다.

왜 산본인가?

1) 낮은 평당가와 적은 투자금

- 1기 신도시 중 산본은 평당가가 세 번째로 낮아(약 1,777만 원) 구축단지 20평대를 3~4억 대에 매수할 수 있어 절대가격이 낮은 것이 큰 장점 (출처: 호갱노노 2023년 2월 기준)

  * 일산(1,540만 원) 〈 부천(1,759만 원) 〈 군포시(1,777만 원) 〈 안양시 동안구(2,527만 원) 〈 성남시 분당구(3,771만 원)

- 20평 기준 매매가격과 전세가격의 차이, 즉 매전갭이 1억 중후반~2억 초반으로 투자금이 평촌, 분당에 비해 1~2억 이상 적게 들

어갈 것으로 예상 (출처: 호갱노노 2023년 2월 기준)

* 산본역 남부권역인 산본동(매전갭 2.3억)

* 산본역 북부권역인 금광동(매전갭 1.4억)

- 또한 역세권 구축 20평대는 지난 상승장에서 약 6억까지 거래되었던 단지들로 언제라도 훈풍이 불면 상승할 여력이 충분

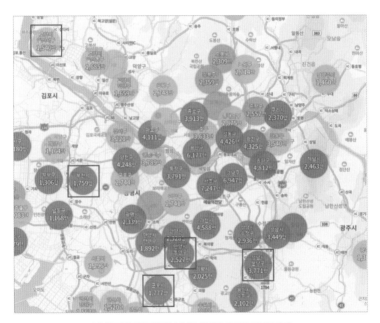

1기 신도시 평단가 (출처: 부동산지인 2023년 2월 기준)

산본 매전갭 (출처: 호갱노노 2023년 2월 기준)

2) 활발한 리모델링

- 산본신도시는 용적률 200%를 초과하는 주공아파트가 많아 재건
  축 보다 리모델링에 적극적
- 또한 1기 신도시 중 분당 다음으로 리모델링 조합설립 단지가 많
  고 진행 속도가 빠름
- 건축심의 준비 중인 '우륵주공 7단지'가 선두 주자로서 주변 단지
  에 긍정적인 영향력을 미쳐 전반적으로 시너지가 날 수 있는 곳

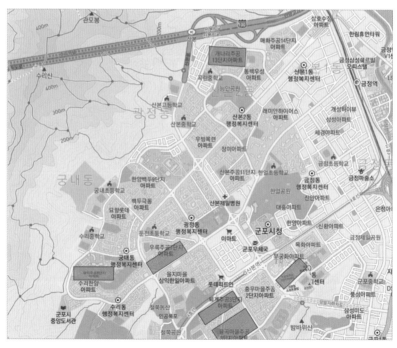

산본신도시 리모델링 조합설립 단지 (출처: 카카오맵(https://map.kakao.com))

3) 공급물량 안전지대

- 산본은 2023~2026년까지 입주물량이 0인 곳으로 과잉공급으로 인한 전세가격 하락이 나타날 가능성이 낮음
- 전출·전입 인구가 많은 안양 등에 입주물량이 많은 편이나 가격대가 달라 산본에 머무르는 수요층도 많을 것으로 예상됨

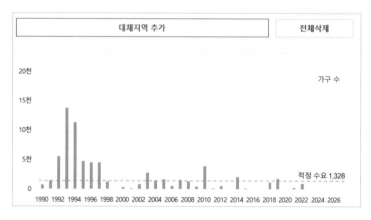

군포시 입주물량 (출처: 아실 2023년 2월 기준)

산본 어디를 봐야 하는가?

1) 위치

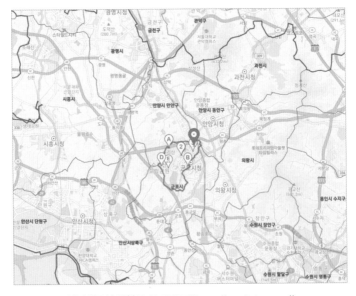

산본신도시 위치 (출처: 카카오맵(https://map.kakao.com))

- 산본신도시는 군포시의 서북부에 위치

- 산본신도시 동쪽으로 의왕시, 서쪽으로 안산시와 시흥시

  북쪽으로 안양시, 남쪽으로 안산시와 수원시와 인접

  → 특히 산본신도시와 가장 가까운 도시는 안양시

    * 안양의 아파트 가격에 부담을 느끼는 사람들이 산본으로 이

      동하거나(전입)

    * 안양에 새 아파트 입주가 많을 경우 산본에서 안양으로 이사

      하는 경우가 있음(전출)

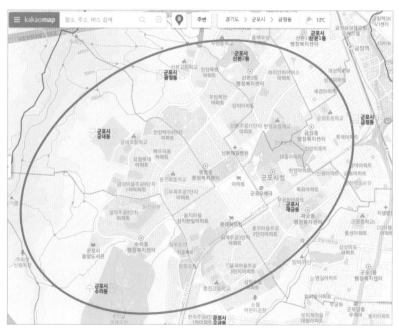

산본신도시 행정동 (출처: 카카오맵(https://map.kakao.com))

- 행정동 기준으로 산본은 7개의 동으로 이루어짐

  (산본1동, 산본2동, 광정동, 궁내동, 수리동, 재궁동, 오금동)

- 법정동 기준으로는 산본동, 금정동이 산본신도시에 해당

2) 도시 개요

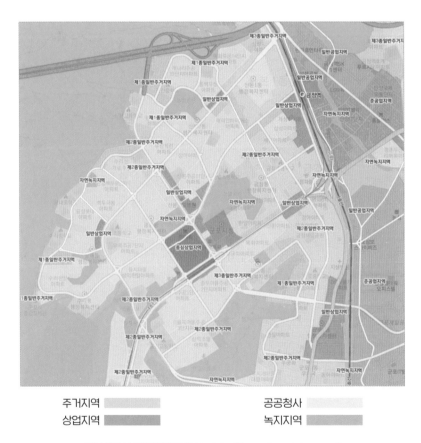

주거지역   공공청사

상업지역   녹지지역

산본신도시 지적편집도 (출처: 카카오맵(https://map.kakao.com))

- 면적 : 4.2km^2 (1기 신도시 중 면적이 가장 좁음)

  * 1기 신도시별 면적

  : 분당(19.6km^2) 〉 일산(15.7km^2) 〉 중동(5.5km^2) 〉 평촌(5.1km^2) 〉

  산본(4.2km^2)

- 분포

  - 산본역과 군포시청 주변으로 상가/학원 등(상업지역)이 밀집
  - 아파트 단지들은 상업지역 주변으로 위치

- 단지 특징
① 아파트 단지명이 위인/명산/꽃 이름으로 되어있음

  - 신도시 중심부 단지 : 위인 이름

  (세종, 충무, 을지, 주몽, 우륵, 솔거, 소월, 다산, 율곡, 퇴계 등)

  - 수리산 능선 단지 : 명산(名山) 이름

  (백두, 한라, 금강, 계룡, 묘향, 수리, 가야, 설악, 덕유 등)

  - 외부 진출로 단지 : 꽃 이름

  (백합, 장미, 개나리, 목련, 무궁화, 동백, 모란, 목화 등)

② 다른 신도시보다 주공아파트가 많음

- 1~14단지 중 12단지를 제외하면 단지별로 주공아파트가 있음

  * 무궁화주공 1단지, 충무주공 2단지, 퇴계주공 3단지, 율곡주공 3단지, 한라주공 4단지, 가야주공 5단지, 세종주공 6단지, 우륵주공 7단지, 설악주공 8단지, 덕유주공 8단지, 금강주공 9단지, 주몽주공 10단지, 산본주공 11단지, 개나리주공 13단지, 매화주공 14단지 등

③ 20평 이하 소형 주택이 많고, 영구 임대 세대가 있는 단지 3곳

  : 가야주공 5단지 2차, 주몽주공 10단지, 매화주공 14단지

3) 인구

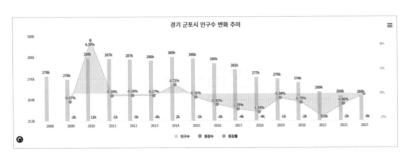

군포시 인구수 변화 추이 (출처: 부동산지인 2023년 2월 기준)

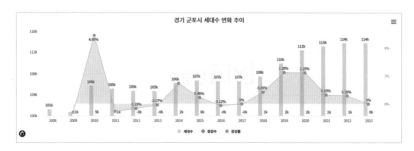

군포시 세대수 변화 추이 (출처: 부동산지인 2023년 2월 기준)

- 군포시 인구는 약 26.6만 명 (2023년 2월 기준)이며 2015년(약 28.8만) 이후 계속 감소하고 있음
- 인구수는 줄고 있으나 세대수는 꾸준히 늘어나고 있음
  → 10평대 소형 평형이라도 대중교통 이용이 편리한 역세권 단지라면 수요가 있음 (충무주공 2단지, 퇴계주공 3단지 등)

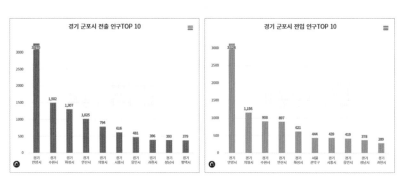

군포시 전출/전입 인구 TOP 10_2022년 1년간 (출처: 부동산지인 2023년 2월 기준)

- 전출 TOP3 : 안양시, 수원시, 화성시 / 전입 TOP3 : 안양시, 의왕시, 수원시
  - 안양은 산본신도시가 있는 군포시와 가장 가까운 도시이자 인구이동이 가장 활발한 도시
  - 군포에서 안양으로 이동하는 사람과 안양에서 군포로 들어오는 사람 수가 압도적으로 많음 (각 3천여 명)
    → 안양은 군포에 비해 서울 접근성이 좋고, 동안구에는 평촌 학원가가 있어 산본에서는 평촌으로 이사하고 싶어 하는 사람이 많은 편임
    → 반대로 안양의 매매/전세가격이 오르면 예산에 맞춰 산본으로 옮겨가는 사람들도 많음

4) 대장 아파트

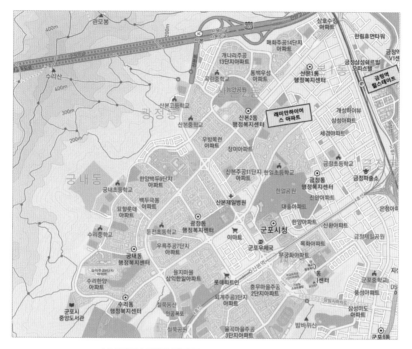

산본신도시 대장 아파트 (출처: 아실 2023년 2월 기준)

- 산본신도시 대장 아파트는 산본주공을 재건축한 [래미안하이어
  스(2010년 입주)]

  * 2022년 입주한 금정역 초역세권의 [힐스테이트 금정역]이 들어
    서기 전까지 산본신도시에서 가장 최근에 지어진 아파트

- [힐스테이트 금정역]은 주상복합이며 2020년~2022년 가격이 크
  게 올랐음

* 34평 기준

2020년 9월 7억 대 → 2021년 1월 12억대 → 2022년 4월 14억대

(구축받 신축인데다가 금정역 GTX-C 호재로 크게 상승)

* 그러나 시장이 침체되자 2023년 2월 34평이 10억에 거래되어
  약 30% 하락하였음

※ 현재 대장 아파트의 가격은 향후 신도시의 구축아파트를 리모델
  링 혹은 재건축했을 때 가격이 어디까지 상승할 수 있는지 가늠
  하는 기준이 되므로 참고할 필요가 있음

금정역 일대 재개발 구역 (출처: 아실 2023년 2월 기준)

• (참고) 금정역 역세권 주변으로 재개발 구역(3곳)이 지정되었으

며, 이는 미래에 새 아파트로 거듭나 산본 대장 아파트와 비교될 곳으로 볼 수 있음

	구역명	주소 및 예정 세대수	면적	진행단계
1	산본1동1지구	956	84,398.9㎡	사업시행자 지정 ('22.8.23)
2	금정역 역세권	792	58,139㎡	
3	산본1동2지구	309	40,206.5㎡	사업시행자 지정 ('23.2)

- 3개의 재개발 구역 모두 조합 아닌 신탁방식으로 사업이 진행될 예정

5) 상권

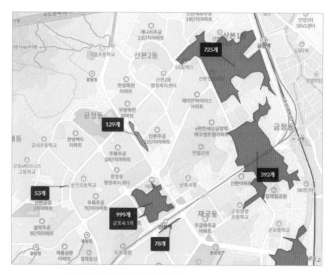

산본신도시 상권 (출처: 호갱노노 2023년 2월 기준)

- 산본역 인근 중심상가에 음식점/병원/학원 등이 몰려있음
- 산본역에 이마트, 뉴코아아울렛, 롯데피트인 등이 있음
- 참고로 1기 신도시 중에서 산본은 상업지역이 차지하는 비중이 가장 낮음

6) 학군

순위	위치	학교명	응시자수	국가수준 학업성취도 평가 (보통학력이상)				진학률		졸업자 수
				평균	국어	영어	수학	특목고 진학률	특목고 진학수 (과학고/외고국제고)	
1	군포시 산본동	궁내중학교	313명	89.0%	94.9%	87.9%	84.4%	7.8%	21명 (4명/17명)	269명
2	군포시 당동	당동중학교	310명	85.0%	95.5%	83.6%	75.9%	4.5%	13명 (3명/10명)	287명
3	군포시 산본동	도장중학교	248명	85.3%	95.6%	83.9%	76.6%	3.2%	7명 (4명/3명)	216명
4	군포시 당정동	당정중학교	126명	81.0%	90.5%	80.3%	72.4%	2.7%	3명 (0명/3명)	110명
5	군포시 산본동	곡란중학교	178명	79.6%	92.1%	79.8%	66.9%	2.6%	4명 (0명/4명)	150명
6	군포시 산본동	수리중학교	278명	89.8%	94.6%	91.7%	83.1%	2.4%	5명 (1명/4명)	201명
7	군포시 금정동	흥진중학교	252명	85.4%	94.0%	82.1%	80.1%	2.3%	4명 (0명/4명)	171명
8	군포시 부곡동	부곡중앙중학교	93명	79.2%	92.5%	75.3%	69.9%	2.1%	3명 (0명/3명)	138명
9	군포시 산본동	산본중학교	389명	88.6%	95.6%	88.4%	82.0%	1.6%	5명 (0명/5명)	306명
10	군포시 당동	용호중학교	318명	82.5%	92.1%	82.1%	73.3%	1.0%	2명 (0명/2명)	185명
11	군포시 금정동	금정중학교	233명	71.5%	88.0%	66.1%	60.5%	0.0%	0명 (0명/0명)	148명
12	군포시 당동	군포중학교	224명	58.8%	81.3%	48.7%	46.4%	0.0%	0명 (0명/0명)	140명
		평균	2,962명	81.3%	92.2%	79.1%	72.6%	2.5%	67명	2,321명

산본 중학교 진학률 순위 (출처: 아실)

- 산본에서는 궁내중, 수리중을 선호하며 특히 학부모들은 특목고 진학률이 높은 궁내중을 좋아하는 편 (학업성취도 1위 수리중 / 특목고 진학률 1위 궁내중)

- 궁내중 배정단지

단지명	초등-중등	리모델링/재건축	평형	비고
백두 한양/동성 /극동	궁내초 궁내중	백두한양은 리모델링 추진, 백두동성/극동은 리모델링에서 재건축으로 선회하는 중	30~54평	중대형 민영 아파트
대림솔거	둔전초 궁내중	재건축 추진	34~60평	둔전초 초품아
우륵주공	둔전초 궁내중	리모델링 건축심의 준비 중	24~32평	산본 신도시에서 리모델링 가장 빠름

* [백두한양/동성/극동] 바로 옆에 위치한 [롯데묘향]은 수리중학교에 배정되는 단지로, 학부모들이 자녀를 궁내중학교에 전학 혹은 진학시키기 위해 [백두한양/동성/극동]으로 이사 가는 경우도 많다고 함

7) 학원

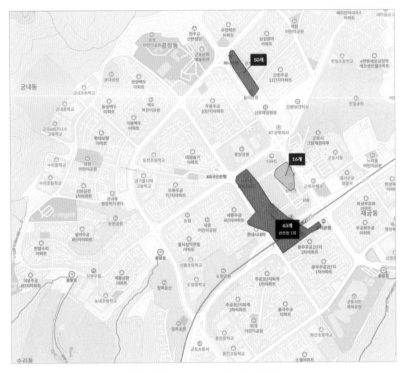

학원가 (출처: 호갱노노 2023년 2월 기준)

- 학원가는 산본역 일대에 형성(70여 개)

- 평촌 학원가(300여 개) 대비 산본 학원가 수는 약 1/4에 불과

- 고학년일수록 평촌 학원에 다니는 학생이 많으며 학부모들이 평촌 학원의 시스템과 수업의 질을 높게 평가하는 편임

8) 생활권

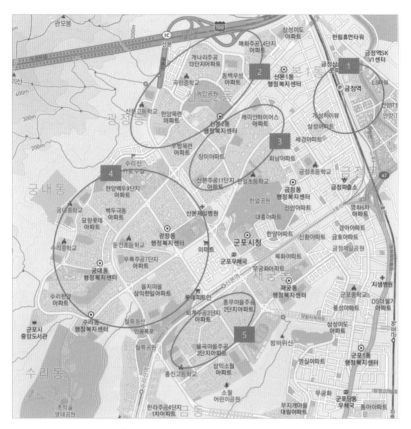

생활권 (출처: 카카오맵(https://map.kakao.com))

- 생활권을 나누는 요소 : 상권, 지하철역(지상철의 남부/북부)
- 산본신도시의 경우 금정역/산본역을 중심으로 생활권이 나뉨

    1) 금정역 초역세권 – 힐스테이트금정역, 재개발 구역

    2) 금정역 비역세권 – 주공 13, 14단지

3) 금정역-산본역 사이 – 래미안하이어스, 산본주공 11단지

4) 산본역 북부 – 주공 6~9단지, 솔거대림, 백두한양/동성/극동

5) 산본역 남부 – 주공 1~3단지

* 중심상가와 학원가를 이용하기 편리한 생활권은

산본역 북부 생활권(그림의 4번) 중에서도 역세권 단지(6, 7, 10단

지, 솔거대림 등)

9) 일자리

공업지역 ▰▰▰

지적편집도 (출처: 카카오맵(https://map.kakao.com))

- 산본신도시는 주거목적으로 개발되어 일자리 거의 없음

- 다만, 금정역과 군포역 주변으로 제조업 위주 공장들이 있음

  (안양IT단지, 군포역 인근 군포제일공단과 군포IT밸리)

10) 연봉

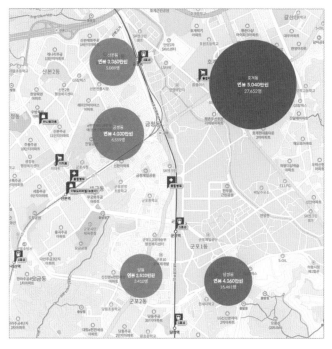

군포시 연봉 (출처: 호갱노노 2023년 2월 기준)

- 산본 신도시 인근 일자리 연봉은 3~4천만 원 수준으로 높지 않음

- 산본동과 금정동 일자리 종사자 수는 각각 5천여 명, 6천여 명으

로 많지 않음

(안양 호계동(약 2.7만 명), 당정동(약 1.6만 명))

→ 산본 신도시 일대 종사자 수가 많지 않다는 것은

　신도시 거주자들이 주로 타 지역(서울이나 기타 수도권)으로 출

　퇴근함을 의미

산본 무엇을 봐야 하는가?

1) 평단가

① 1기 신도시 평단가 비교(출처: 부동산지인 2023년 2월 기준)

- 일산서구 (1,540만 원) 〈 부천시(1,759만 원) 〈 군포시(1,777만 원) 〈 안양시 동안구(2,527만 원) 〈 분당구(3,771만 원)

    - 평단가만 고려했을 때 산본 신도시가 속한 군포시는 평단가 높은 순으로 1기 신도시 중 3위

    - 평단가가 두 번째로 낮은 부천시 보다 산본의 평단가가 약 20 만 원 높은 수준이며 산본은 수원/판교/분당/강남 등 일자리 로의 이동이 수월하기 때문에 이 정도의 평단가 차이는 충분 히 납득되는 수준

- 하락세가 두드러지면서 군포시와 부천시 평단가 차이는 4개
  월 만에 80만 원(2022년 10월)에서 20만 원(2023년 2월)으로
  좁혀졌으며 산본의 가치가 상대적으로 저평가되었을 가능성
  이 있음(2023년 2월 기준)

- 평단가가 일산이 가장 저렴함에도 불구하고 산본을 놓치면 안 되
  는 이유
  - 산본은 일산 못지않은 교통 호재가 있으며 평촌의 배후도시
    로 두터운 수요층이 있음
    * 일산은 GTX-A(킨텍스역, 대곡역), 산본은 GTX-C(금정역) 통
      해 강남 접근성이 향상될 예정
    * 산본은 평촌신도시에 살고 싶으나 자금이 부족한 사람들이
      그다음으로 생각하는 주거지로서 매매뿐만 아니라 전·월
      세 수요층이 많음. 또한 평촌이 월판선 개통으로 향후 가
      치 및 평단가가 올라가게 되면 산본의 가격도 같이 올라갈
      수 있음
  - 일산은 통합재건축의 움직임이, 산본은 리모델링 추진 단지
    가 많은데, 후자는 소유주의 의지만 강하다면 사업 기간이 짧
    아 진행이 수월함
  - 산본의 리모델링이 현재와 같은 속도로 진행되면 추진 속도
    가 빠른 단지는 10년 내 신축으로 탈바꿈할 수 있음

② 인근 도시와 평단가 비교

- 산본 신도시가 속한 군포시 인근으로 가장 높은 평단가는 평촌신도시가 위치한 안양시 동안구(2,527만 원)

  – 산본과 평촌은 매매 평단가 차이만 약 800만 원

  → 향후 산본의 리모델링 및 GTX-C 호재 실현이 다가올수록 동안구와 산본의 평단가 차이가 좁혀질 수 있을지 관찰할 필요가 있음

- 군포시 평단가(1,777만 원)는 의왕시(2,025만 원), 안양시 만안구(1,892만 원) 보다도 낮음

  → 산본 신도시는 1기 신도시 중에서도 가격이 저렴한 편에 속하고 주변 도시들에 비해서도 평단가가 낮아 실거주와 투자 측면에서 고려해볼 만한 가격대

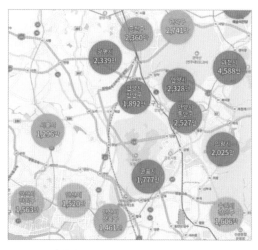

평단가 (출처: 부동산지인 2023년 2월 기준)

2) 입주물량

① 군포시 입주물량

- 2022년 입주물량은 적당한 수준이며 향후 4년간 공급이 없음 (인근 지역 입주물량은 유의해야 함)
- 과거에는 2010년에 일시적으로 과공급 *산본동 [래미안하이어스]와 부곡동 [휴먼시아]
  - → 새 아파트가 거의 없는 산본 신도시에서 2010년 [래미안하이어스]가 입주한 이후 지금까지 사람들은 [래미안하이어스]를 가장 선호
  - → 2010년도 [래미안하이어스]가 입주했을 때 산본 신도시 구축 아파트에서 이동한 사람들이 다수 있었고 주변 구축아파트 매매/전세가격이 영향을 받았음

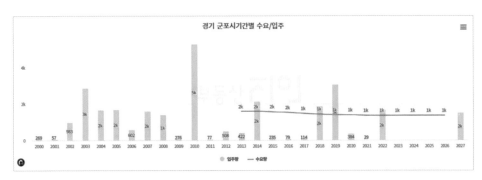

군포시 수요입주 (출처: 부동산지인 2023년 2월 기준)

② 군포시 내 동별 입주물량(금정동)

- 2022년 3월 입주를 시작한 [힐스테이트 금정역(주상복합)]은 2022년 10월까지도 전세로 나와 있는 물량이 많고 소진되는 속도가 느렸음

  - 90년대에 지어진 구축아파트가 대부분인 산본 신도시에서 새 아파트에 살기 원하는 사람은 많지만 [힐스테이트 금정역]으로 실제 이사 가는 사람은 많지 않음

  - [힐스테이트 금정역]은 산본 생활권과는 다소 떨어져 있고 지상철 근처라 소음과 분진이 있으며 지하주차장(지하 5층에 위치) 이용이 불편해서 선호도가 갈림

군포시 동별 수요입주 (출처: 부동산지인 2023년 2월 기준)

③ 전출/전입 TOP3 입주물량

- 산본 신도시로 가장 많이 전입하는 안양, 수원, 의왕 세 곳의 입주물량은 2022년 적정량보다 많고 2023~2024년에는 적정량보

다 약간 많은 수준이며 2025년부터는 수요 대비 입주물량이 부족해짐

- 2022~2023년에는 수원시에 입주물량이 많고 2024년에는 안양시에 입주하는 아파트가 많음

- 특히 2024년(6, 8, 10월) 안양시에 새롭게 입주하는 아파트들은 동안구 비산동과 호계동, 안양동 등에 있는데, 산본 신도시와 가까운 곳임. 산본 신도시에 살던 사람들이 2024년 하반기에 안양시 신축 아파트로 이사를 고려하고 실제로 그렇게 움직이는지 살펴볼 만함

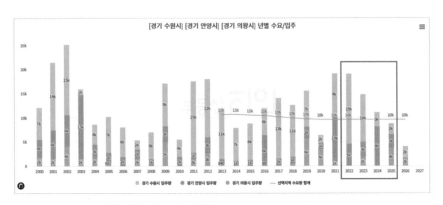

전출·전입 TOP3 수요/입주 (출처: 부동산지인 2023년 2월 기준)

3) 교통

(1) 지하철 : 4호선(산본역, 금정역), 1호선(금정역) *금정역에 1호선
급행열차 정차

(2) 버스 : 여의도, 강남, 분당 등으로 가는 광역버스 운행

(3) 자차 : 수도권제1순환고속도로, 영동고속도로, 서해안고속도로,
경부고속도로 이용 가능

* 다만 물리적인 거리에 비해 차량정체 심한 편 (인덕원에서 과천
가는 길, 남태령/우면산 터널 경유해 서울 가는 길 등)

4) 호재 ① 교통

수도권 입지변화를 가져올 만한 철도노선이 계획되어 있어 추후 편
리해질 것으로 예상

GTX-C

• 내용 : 양주(덕정)~삼성~수원 간 광역급행철도(74.8km)

• 추진 경과 :

- 2021.6월 우선협상대상자 현대건설 컨소시엄 선정

- 2023년(연내 착공 계획) / 2028년(개통 예정)

- 강북 및 강남 주민 반대로 난관

* 현대건설 측은 창동~도봉구간 지상화를 제안했으나 주민 반대로 지하화 논의를 했으며 한국개발연구원(KDI)는 지상·지하화 모두 적격하다고 판정 ('23.2월 기준)

* 강남권 관통에 따른 지반 붕괴 위험으로 강남권 주민 항의도 있는 상황

• 기대효과

- 금정역~삼성역까지 10여 분으로 단축

(기존에는 4호선-2호선 환승하여 40여 분 소요)

- 산본역~금정역은 지하철 한 정거장으로 산본역 인근 단지도 GTX-C를 통해 강남까지 빠르게 이동할 수 있게 됨

• 참고

- 금정역 역세권 개발사업(철도 지하화 등) 추진으로 금정역 일대 탈바꿈 예상

- 금정역 주변으로 새 아파트가 들어설 재개발 구역(3곳) 진행 중

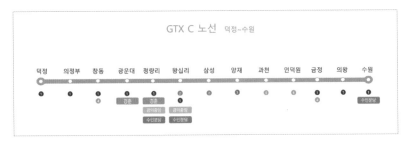

GTX-C 노선도

월판선

- 내용 : 수도권 서남부 지역(시흥/광명/안양/의왕/성남 등) 연결 (총 34.15km)

- 추진경과 : 2021년(착공), 2026년(개통 예정)

- 특징 : 월판선은 급행과 일반으로 운행될 예정이며 일반열차의 운행속도(시속 71.04km)는 지하철 9호선 급행열차(46.8km)의 1.5배이며, 급행열차(시속 107.7km)는 지하철 9호선 급행보다 2배 이상 빠름

  (급행 정차역은 송도역, 시흥시청역, 광명역, 인덕원역, 판교역)

- 기대효과

  - 안양운동장역 인근의 평촌신도시에 보다 직접적인 교통 호재 이지만, 산본신도시에서도 안양역(1호선) 혹은 인덕원역(4호선) 환승으로 판교 출퇴근을 할 수 있게 됨

  (산본 신도시에서 판교까지 30분 내외 예상)

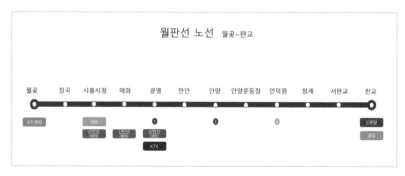

월판선 노선도

인동선

- 내용 : 안양시 ~ 동탄신도시를 잇는 복선전철(총 37.1km, 광역철도로 운행 예정)
- 추진경과 :
  - 2022년(착공), 2026년(개통 예정)
  - 사업비 증가로 한국개발연구원(KDI)에서 사업계획 적정성 검토 진행 중
  - 일부 구간 착공 지연 중
- 기대효과

  사람들이 많이 거주하는 수도권 남부의 대기업 일자리 광교, 영

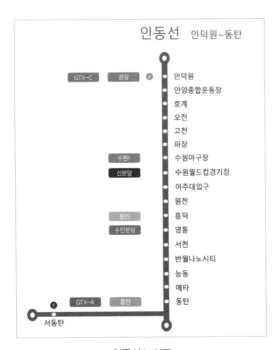

인동선 노선도

통, 동탄신도시 등으로 이동이 편리해짐 (기존에는 산본~동탄까지 1호선+버스 약 1시간 20분)

4) 호재 ② 리모델링

① 개요

- 산본 신도시 아파트 단지들은 대부분 용적률이 200% 이상으로 재건축 사업성이 낮아서 리모델링을 진행 중
- 추진위원회 등 초기단계까지 포함하면 10개 이상 단지에서 리모델링 추진 중

  (참고) 리모델링 추진단계

  * 추진위-조합설립-시공사선정-1차 안전진단-건축심의-사업계획-권리변동 총회-이주 및 철거-2차 안전진단(수직증축 시)-착공-준공 및 입주

② 추진현황

- 2022년 1월 산본신도시 18개 단지 리모델링 연합회 출범

  * 2022년 새 정부가 들어서며 1기 신도시 재건축 완화 가능성이 열리자, 리모델링 연합회 내부에서 재건축이 유리하면 재건축을 고려하겠다는 단지가 생김 (출처: 이투데이, '규제 완화 기대감

에 '재건축'으로 선회 움직임 보이는 산본신도시', 2022.10.3.)

- 2023년 2월 기준 리모델링 연합회에 남은 단지는 총 15개 단지, 이 중 리모델링 추진 의사가 있는 곳은 9개 단지

  * 추진 의사가 뚜렷한 9개 단지를 리모델링 조합설립이 완료된 6곳과 조합설립 전(前) 단계인 3곳으로 나누어 하단 표에 정리함

단지명	입주 연도	리모델링 전 세대수	평형별 세대수	추진단계	리모델링 후 세대수	시공사	비고
우륵주공 7단지	1994	1,312	24평 675세대 25평 537세대 32평 100세대	1차 안전진단 완료 심의절차 이행 중	1,508	DL이앤씨	역세권 산본역 도보 10분
율곡주공 3단지	1994	2,042	22평 1,100세대 24평 528세대 26평 204세대 27평 210세대	1차 안전진단 완료 심의절차 이행 중	2,348	DL이앤씨	역세권 산본역 도보 7분 초중고 인근
개나리주공 13단	1995	1,778	20평 522세대 24평 1,016세대 25평 240세대	1차 안전진단 완료 심의절차 이행 중	2,044	포스코, 현대건설	비역세권 금정역 버스 10분
무궁화주공 1단지	1992	1,329	17평 596세대 22평 142세대 24평 116세대 25평 120세대 28평 190세대 30평 165세대	1차 안전진단 완료 심의절차 준비 중	1,444	현대건설 .	역세권 산본역 도보 5분 초중고 인근
설악주공 8단지	1995	1,471	16평 126세대 18평 538세대 20평 807세대	조합설립 인가 ('22.5)	1,691	시공사 선정 준비 중	비역세권 산본역 버스 20분
퇴계주공 3단지	(1차) 1993 (2차) 1995	1,992	16평 505세대 17평 654세대 18평 833세대	조합설립 인가 ('23.1)	2,202	–	역세권 산본역 도보 4분 초중고 인근

산본 신도시 리모델링 조합설립 완료단지 세부내용 (현장 조사 기반, 속도 빠른 순)

* 설악주공 8단지의 경우 우선협상대상자로 선정된 쌍용건설이 2개월 만에 우선협상대상자 지위를 포기, 금리인상 및 원자잿값 상승을 고려해 신규수주에 보수적으로 접근할 방침이라고 함 (출처: 한경, '남는 게 없다... 리모델링 손 떼는 건설사', 2023. 02. 23)

단지명	입주 연도	세대수	평형별 세대수	리모델링 후 세대수	추진단계	비고
덕유주공 8단지	1996	1,312	23평 단일세대	292	주민동의율 70% 초과 달성	비역세권 산본역 버스 15분
충무주공 2단지 2차	1993	2,042	19평 160세대 24평 316세대	546	주민동의율 67% 초과 달성	역세권 산본역 도보 3분
백두한양 9단지	1994	1,778	35평 682세대 46평 128세대 54평 99세대 (세대수 많은 평형 만 기재)	1,069	주민동의율 65% 달성	비역세권 금정역 버스 20분 초중 인근

산본 신도시 리모델링 조합설립 前 단지 세부내용 (현장 조사 기반, 동의율 높은 순)

4) 호재 ③재건축

① 개요

- 산본 신도시의 주된 흐름은 리모델링이지만 재건축을 추진하는 단지(4곳)도 있음

  * 한라주공 4단지 1차, 가야주공 5단지 1차, 매화주공 14단지, 산

본주공 11단지이며, 추진 속도가 가장 빠른 단지는 한라주공 4
단지 1차

(참고) 재건축 단계 : 안전진단 – 정비구역 지정 – 조합설립 –
사업시행인가 – 건축심의 – 관리처분인가

* 안전진단은 예비안전진단→1차 정밀안전진단→2차 정밀안전
진단(필요시 적정성 검토) 순서로 진행

② 재건축 사업성

• 용적률 낮고, 대지지분 높고, 역세권 500M 이내일수록 사업성 ↑

단지명	입주연도	세대수	평형별 세대수	용적률	대지지분	역세권여부	대지용도	추진단계
한라주공 4단지 1차	1992	1,248	17평 354세대 18평 138세대 21평 180세대 23평 396세대 26평 180세대	115%	평균 17.1평	초역세권 수리산역 도보 5분	3종 일반주거 지역	예비안전 진단 통과
가야주공 5단지 1차	1993	1,601	17평 623세대 18평 238세대 19평 160세대 24평 580세대	129%	평균 14.8평	초역세권 수리산역 도보 5분	3종 일반주거 지역	'23년 예비안전 진단 신청 예정
매화주공 14단지	1995	1,847	20평 267세대 21평 240세대 (영구 임대 1,340 세대)	148%	평균 14평	비역세권 금정역 버스 10분	3종 일반주거 지역	–
산본주공 11단지	1991	1,400	15평 420세대 16평 60세대 17평 150세대 18평 60세대 21평 90세대 22평 180세대 24평 440세대	183%	평균 9.5평	비역세권 금정역/산본역 버스 15분	3종 일반주거 지역	예비안전 진단 탈락

산본신도시 재건축 추진 단지 세부내용

5) 시장 움직임

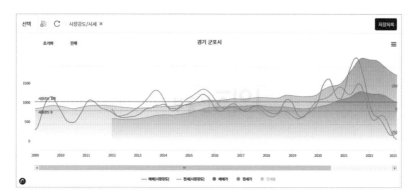

군포시 멀티 차트 (출처: 부동산지인 2023년 2월)

- 매매 : 2021년 말부터 서서히 하향세를 보였으며 2022년 4월경까지는 하락세가 크지 않았으나 그 후로 하락의 기울기가 가파르게 나타남

- 전세 : 2021년 말부터 전세가격도 떨어지기 시작했으나 2022년 7월경까지 하락 폭이 크지 않았으며 매매가격보다 전세가격이 상대적으로 더 늦게까지 지지하는 모습을 볼 수 있음. 또한 매매가격에 비해 전세가격 하락 폭과 기울기는 완만한 편임

- 시장 강도의 경우 매매/전세 모두 0 이하이며 2022년 중순부터 2023년 1월까지 시장강도는 0 이하라도 매매시장 강도보다 전세시장 강도가 높았으며 매매가가 급격하게 빠지지 않도록 전세가격이 어느 정도 하방을 지지해주었음

6) KB시계열

구분	성남 분당구	일산 서구	안양 동안구	부천	군포
2018−06−04	0.27	0.03	0.00	−0.01	−0.02
2018−06−11	0.08	0.05	0.01	0.00	−0.01
2018−06−18	0.05	0.02	0.10	0.04	0.00
2018−06−25	0.11	0.02	0.06	0.04	−0.08
2018−07−02	0.03	0.02	0.08	0.06	0.00
2018−07−09	0.19	−0.13	0.16	0.02	−0.02
2018−07−16	0.03	−0.08	0.11	0.02	−0.03
2018−07−23	0.23	−0.04	−0.02	0.00	0.00
2018−07−30	0.20	−0.09	0.25	0.00	0.02
2018−08−06	0.23	0.00	0.18	0.04	−0.01
2018−08−13	0.18	0.00	0.18	0.01	0.04
2018−08−20	0.85	−0.06	0.20	0.08	0.18
2018−08−27	1.89	−0.05	0.62	0.06	0.63
2018−09−03	1.46	0.00	0.95	0.17	0.34
2018−09−10	1.61	0.06	0.72	0.29	1.16
2018−09−17	0.83	0.24	1.15	0.27	0.42
2018−10−01	1.08	0.20	0.68	0.48	0.43
2018−10−08	0.50	0.00	0.32	0.37	0.43
2018−10−15	0.34	−0.02	0.41	0.29	0.29
2018−10−22	0.27	0.00	0.40	0.27	0.12
2018−10−29	0.31	0.09	0.30	0.18	0.19
2018−11−05	0.05	−0.03	0.29	0.22	0.10
2018−11−12	0.05	0.00	−0.04	0.19	0.03
2018−11−19	−0.01	0.00	0.01	0.10	0.00

KB시계열 (출처: KB통계, 1기 신도시만 발췌)

- 산본은 분당, 평촌 등이 먼저 상승하면 그다음으로 상승하는 편
- 산본은 늦게 상승한 만큼 다른 도시에서 상승세가 줄어들 때도

상승의 온기가 더 오래가는 경향이 있음

7) 매수매도 지수

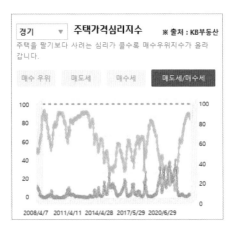

매도세/매수세 (출처: 아실 2023년 2월 기준)

- 2023년 2월 기준 경기도의 매도/매수 심리 격차는 최근 3년 내

  최대로 벌어졌다 줄어드는 추세 (매수 우위 시장)

8) 거래량

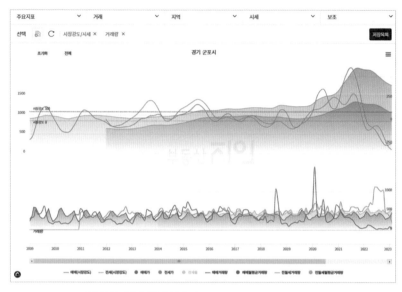

군포시 거래량 멀티 차트 (출처: 부동산지인 2023년 2월 기준)

- 2020년 2월 매매거래량은 월평균 거래량의 약 4배 이상에 달할 만큼 많이 이루어졌으며 2020년 6월, 2020년 12월에도 매매 거래가 활발했음
- 2021년 3월부터 매매거래량은 월평균보다 낮았으며 지속적으로 줄어들어 2023년 2월 기준 매매거래량은 살아나지 못하고 있음
- 대선 전후로도 매매거래량에 큰 변화 없이 월평균 매매거래량의 1/3 수준으로 거래가 되었음
- 반면, 매매가격이 본격적으로 하락하던 2021년 중순 무렵부터 대

부분 전세는 월평균 거래량 이상으로 거래될 만큼 전세 수요가 크게 나타남. 잠재적인 매수 수요자들이 전세를 선택했던 것으로 볼 수 있음

임장 동선

신도시 범위 안에 있는 단지 위주로 동선 짜기

① 어떤 순서로 임장을 할 것인지 생각해보기

- 산본 신도시 생활권을 나누는 중요한 요소(지하철역, 상권, 학군)를 바탕으로 구역 나누기

- 대장 아파트가 위치한 구역부터 살펴봄으로써 산본 사람들이 살고 싶어 하는 아파트의 모습과 특징에 대해 생각해보기

- 산본 신도시 투자 포인트는 리모델링이므로, 되도록 리모델링 진행단계가 빠른 아파트 순서대로 가보며 특징을 서로 비교해보기

- 동시에 역세권, 학군 등의 요소도 종합적으로 고려하며 신도시 핵심부부터 외곽까지 돌아보기

② 임장 동선 짜보기

- 처음부터 모든 아파트를 다 가본다는 생각보다는 구역별로 먼저 주목해야 할 단지를 집중적으로 임장하기

- 도시의 핵심을 빠르게 파악하고, 1차 임장 때 못 가본 단지와 구역들은 2차, 3차로 임장하면서 살을 붙인다는 생각으로 살펴보기 (가령 수리산역 인근의 가야주공, 한라주공 등)

- 구역별로 핵심 단지를 돌아본 후에는 부동산에 방문해 현장 분위기 알아보는 시간 갖기

③ 임장 동선

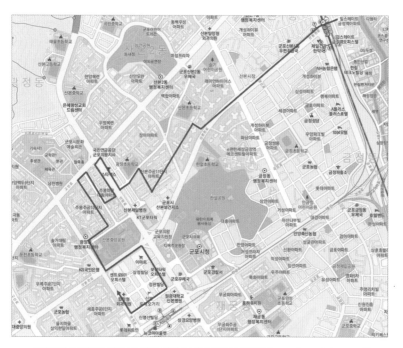

대장 단지와 인근 단지 및 상권 임장 동선① (출처: 카카오맵(https://map.kakao.com))

- 가장 최근에 준공된 단지와 산본의 대장 아파트 2곳을 방문하고, 산본 신도시 1, 2위 상권을 확인해보기
- 주변의 구축 아파트를 가보고 대장 아파트가 선호되는 이유 알아보기
- 동선) 힐스테이트 금정역 → 래미안 하이어스 → 산본주공 11단지 → 중형상권 → 산본이편한세상센트럴파크아파트(구 주몽마을 대림) → 주몽주공 10단지 → 산본역 대형상권

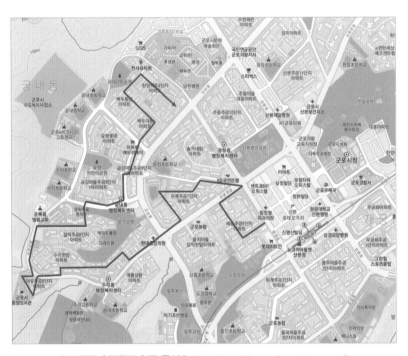

리모델링 추진단지 임장 동선② (출처: 카카오맵(https://map.kakao.com))

- 역에서 가까운 순서대로 리모델링 진행 중인 단지들을 임장하고 리모델링 속도가 빠른 단지와 느린 단지를 비교해보기
- 리모델링 추진 단지들로 이동하면서, 그 사이 위치한 리모델링 비추진 단지와의 차이점 생각해보기
- 산본역에서 멀어질수록 어떤 특징이 있는지 확인해보기
- 동선) 세종주공 6단지 → 우륵주공 7단지 → (수리한양 9단지) → 덕유주공 8단지 → 설악주공 8단지 → (백두동성/극동 9단지) → 백두한양 9단지

    * 괄호( ) 표시는 리모델링을 추진하고 있지 않은 단지

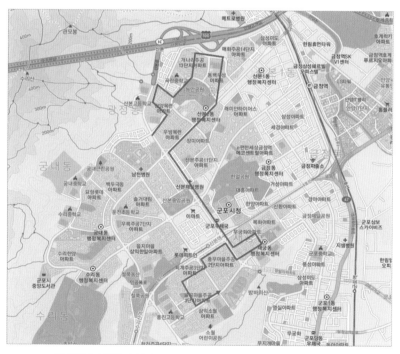

리모델링 추진단지 임장 동선③ (출처: 카카오맵(https://map.kakao.com))

- 산본역과 금정역 사이의 비역세권이자 리모델링 추진 단지 살펴보기

- 리모델링 추진 단지들로 이동하면서, 그사이 위치한 리모델링 비추진 단지와의 차이점 생각해보기

- 산본역 남부역세권의 리모델링 추진 단지를 임장하고 북부역세권 단지들과 비교해보기

- 동선) (한양목련) → 개나리주공 13단지 → (동백우성) → 무궁화주공 1단지 → 충무주공 2단지 2차 → 퇴계주공 3단지 → 율곡주공 3단지

  * 괄호( ) 표시는 리모델링을 적극적으로 추진하고 있지 않거나 재건축으로 선회한 단지

임장 포인트

1) 임장 포인트

- 타 1기 신도시와 비교할 때 산본만의 장점을 찾아보기
- 산본에서 전통적으로 입지 가치가 높고 시세를 견인하던 단지 살펴보기
- 리모델링 및 GTX-C 교통 호재로 인해 가장 먼저 주목해야 할 단지 추려보기
- 앞으로 대장 아파트가 될 만한 아파트는 어디일지 생각해보기
- 산본역 남부/북부를 기점으로 역에서 멀어질수록 나타나는 단지들의 특징, 역세권/비역세권 단지 특징, 상권 특징 등을 파악

해보기

- 정책 변화에 따라 나타나는 시장의 움직임 알아보기

2) 현장 분위기

- 리모델링/재건축 추진 단지들의 특징과 진행현황 확인하기
- 호재에 대한 사람들의 기대 심리 알아보기
- 매매/전세 시세와 거래량, 매도/매수심리 등 시장 분위기 느껴보기
- 투자자가 많이 매수한 단지의 특징과 이유 들어보기

임장 후 생각

1) 타 1기 신도시와 비교할 때 '산본'만의 장점

① 공기 좋은 자연환경

- 도심과 가까우면서 한적하고 공기가 좋음

- 신도시 외곽 단지들은(특히 8단지) 수리산 자락과 인접해 휴양림
  별장 같은 느낌 (외곽이더라도 수요층이 확실하게 존재)

② 저렴한 가격

- 평촌이 속한 안양 동안구 대비 군포시 매매 평단가 약 800만 원
  저렴

- 신혼부부가 시작하기 좋은 가격대 (20평대 매매 3~4억 대, 전세 2억

대 / 23년 2월 기준)

③ 편리한 교통

- 지하철(1호선, 4호선)을 이용해 서울/경기도로 이동 편리
- 특히 금정역은 더블역세권에 GTX-C 교통 호재까지 있어 강남까지 이동이 훨씬 편리해질 것
- 산본역 도보이동이 어려운 단지 주민들은 주로 버스로 금정역까지 이동하며(평균 10~20분) 버스가 있어 편리하다는 인식이 있음

④ 빠른 리모델링

- 재건축보다 리모델링이 활성화된 도시
- 추진 의지가 있는 단지들의 리모델링 동의율 달성, 조합설립 등 추진 속도가 빠름
- 실제로 단지마다 리모델링, 재건축 플래카드를 쉽게 발견할 수 있음
  - → 위와 같은 장점으로 인해, 한번 거주하기 시작하면 거주 만족도가 높고 타 도시로 이사하려는 움직임이 적은 편
  - → 분양받아 오래 거주한 중장년층 인구가 많으며, 이들의 경우 리모델링 추가 분담금에 대한 거부감이 있어 사업추진 속도가 느려지는 요인이 되기도 함

2) 산본 내 전통적으로 입지가치가 높고 시세를 견인하던 단지

(* 메인평형 가격은 2023년 2월 실거래가 기준)

단지명	개요	특징	현장사진
래미안 하이어스	준공년도: 2010년 9월 세대수: 2,644세대 메인 평형: 34평 메인 평형 가격: 7억 후반 ~8억 초반 (최고가 12.4억)	• 금정역 도보 이동 가능(약 800m) (산본 신도시 주민들은 산본역보다 금정역을 선호) • 궁내중 배정이 불가하나 선호층이 있음(특목고 진학자녀가 있는 가정 등) • 힐스테이트 금정역 준공 전에는 산본 내 유일한 준신축 • 브랜드 아파트이자 준신축이어서 가장 선호됨 • 5층 주공아파트가 재건축된 아파트로서, 주변 구축아파트에 미래 청사진을 그리게 한 아파트	
대림 솔거	준공년도: 1993년 9월 세대수: 1,158세대 메인 평형: 37평 메인 평형 가격: 22년 말 거래없음 (최고가 8.87억)	• 산본역 도보 이동 가능(약 750m) • 초품아이자 산본 1위 중학교인 궁내중학교에 배정 가능한 단지 • 도보로 산본도서관, 이마트, 중앙공원까지 이동이 편리함 • 우륵주공 7단지에서 평수를 넓혀 이사 오는 수요 많은 편 • 산본역 이외 금정역 이동도 편리 (금정역까지 버스 약10분) • 단지 건너편 남천병원 앞에서 삼성 등 대기업 출근버스 승차 • 재건축 추진위원회 단계에 있는 단지 • 학군/상권/역세권 등 요소를 두루 갖춰 실거주 수요가 탄탄하며 9단지 백두한양/동성/극동보다 가격 방어가 잘 되는 단지	

단지명	개요	특징	현장사진
세종주공 6단지	준공년도: 1994년 7월 세대수: 1,827세대 메인 평형: 24평 메인 평형 가격: 4억 초반	• 산본역 남부권 단지 중에서 역까지 가장 가까운 단지(약 350m) • 산본역세권 20평대(율곡주공/세종주공/우륵주공) 중 가장 먼저 매매/전세 가격을 이끄는 단지 (매매 최고가 : 세종주공(6.2억) 〉 우륵주공(6억) 〉 율곡주공(5.95억)) • 산본에서 가장 먼저 리모델링 추진위원회를 설립했으나, 조합 내부사정 등으로 인해 10년 넘게 조합설립인가를 받지 못하고 조합창립총회 개최가 무산됨 • 최근에는 재건축으로 방향을 틀어 추진 중임	

3) 리모델링 호재로 인해 주목받는 단지

(* 기재된 리모델링 추진단계, 메인평형 가격 등은 2023년 2월 기준)

단지명	개요	특징	현장사진
우륵주공 7단지	준공년도: 1994년 7월 세대수: 1,312세대 메인 평형: 24평 메인 평형 가격: 3억 후반~4억 초반 (최고가 6억)	• 산본 신도시에서 리모델링 추진 속도가 가장 빠른 단지 (심의절차 이행 중) • 산본역 북부권에 위치 • 역까지 도보이동 가능(약 700m) • 길을 건너지 않고 초등학교까지 등교할 수 있음 • 산본에서 특목고 진학률이 가장 높은 궁내중학교에 배정되는 단지 • 주공이지만 소형 평형은 없고 24평, 25평, 32평 등 평으로 구성되어 가족단위 실거주자들이 선호	

율곡주공
3단지
	준공년도:
	1994년 5월
	세대수: 2,042세대
	메인 평형: 22평
	메인 평형 가격:
	3억 중후반
	(최고가 5.95억)
		• 산본 신도시에서 리모델링 추진
		  속도가 2번째로 빠른 단지
		  (심의절차 이행 중)
		• 산본역 남부권에 위치
		• 역까지 도보이동 가능(약 700m)
		• 단지 옆으로 초등학교, 중학교,
		  고등학교까지 품은 아파트
		• 우륵주공 7단지와 비교했을 때
		  상권까지의 거리가 더 멀고 학업
		  성취도가 더 낮은 학교로 배정된
		  다는 차이점이 있음
		• 산본역에서 단지까지 가는 길이
		  약간 경사져있음
		• 2020년에 율곡/퇴계/충무주공
		  등으로 법인투자가 활발했음	

개나리
주공
13단지
	준공년도:
	1995년 11월
	세대수: 1,778세대
	메인 평형: 24평
	메인 평형 가격:
	3억 중후반
	(최고가 5.85억)
		• 산본 신도시에서 리모델링 추진
		  속도가 3번째로 빠른 단지
		  (심의절차 이행 중)
		• 비역세권이며 금정역까지 버스
		  이동(약 10분)
		• 층수를 높이는 수직증축이 가능
		  한 안전진단 결과(B등급)
		• 신속한 추진을 위해 층은 그대로
		  두되 옆으로 면적을 넓히는 수평
		  증축과 추가로 동을 건설하는 별
		  동 증축을 진행 중임
		• 초등학교와 중학교를 품고 있으
		  며 단지 앞에 어린이도서관 있음
		• 대형마트나 학원가 상권과 거리
		  가 멀어 단지 내 상가가 활발
		• 24평은 산본에서 귀한 20평대
		  방 3개 화장실 2개 구조임
		• 금정역 도보권이 아님에도
		  GTX-C 호재로 가격이 상승했던
		  단지	

무궁화 주공 1단지	준공년도: 1992년 4월 세대수: 1,329세대 메인 평형: 17평 메인 평형 가격: 2억 중후반 (최고가 4.5억)	• 산본 신도시에서 리모델링 추진 속도가 4번째로 빠른 단지 (심의절차 준비 중) • 산본역 남부권에 위치 • 산본 신도시에서 준공년도가 가장 빠른 단지 중 하나 • 언덕에 위치해 있으며 역까지 걸어서 갈 수는 있으나 횡단보도를 2번 이상 건너야 함 • 17~30평대까지 다양한 평형대 고루 분포하며 초·중·고등학교가 인근에 있어 단지 내에서 평형을 넓혀 이동하는 실거주자가 많은 편 • 리모델링 안전진단까지 통과했으나 단지 입구에 재건축 추진위원회 플래카드가 함께 걸려있음 (재건축 추진위는 실체가 없고 대외적인 활동이 없다고 함)
설악주공 8단지	준공년도: 1995년 11월 세대수: 1,471세대 메인 평형: 20평 메인 평형 가격: 2억 후반~3억 초반 (최고가 4.8억)	• 산본 신도시에서 리모델링 추진 속도가 5번째로 빠른 단지(시공사 선정 준비 중) • 조합설립이 완료된 단지 중에서 가장 외곽에 있는 비역세권 단지 • 산본 신도시에서 준공년도가 가장 늦은 단지 중 하나로 동간 거리가 넓고 구축 단지 중 주차가 여유로운 편임 • 인근에 휴양림이 있으며 지대가 높아 선호층이 있음 • 차로 출퇴근하는 젊은 층이나, 산본 신도시에 자녀가 사는 경우 손자손녀를 돌봐주실 부모님 세대가 거주 • 금강주공 2차와 평형대가 비슷해서 실수요자들이 같이 비교하는 단지 (금강주공 2차는 상가가 활성화되어있고 역으로 이동이 편리함)

퇴계주공 3단지	준공년도: 1993년 6월 세대수: 1,992세대 메인 평형: 18평 메인 평형 가격: 2억 중후반 (최고가 4.3억)	• 산본 신도시에서 가장 최근(2023년 1월), 6번째로 조합설립인가를 받은 단지 • 산본역 남부에 위치한 초역세권 단지 • 10평대 소형 평수만 있는 대단지 • 설악주공 8단지에 비해 주차가 여유롭지는 않음 • 1~2인 가구가 지하철로 출퇴근하기 편리하고 상권과 가까워서 찾는 단지 • 단지에서 산본역 가는 길목에 고가가 있어 거리는 가까워도 중심 상권과는 다소 단절감이 느껴짐	

산본에서 유독 리모델링이 활발한 이유와 특징

① 리모델링 속도가 빠른 이유

• 속도가 빠른 단지들은 대체적으로 조합관계자가 젊은 층이며 조합을 체계적으로 운영하고 조합원 간 단합이 잘 되는 편임

예) 우륵주공 7단지는 속도가 가장 빠른 단지로, 추진위 설립 후 약 1개월 만에 동의율 30% 달성, 조합설립 후 안전진단까지 2개월 만에 진행하였음.

② 리모델링 추진 단지들의 특징

• 역세권/비역세권 모두 리모델링이 활발 (평촌 신도시는 역 근처 소형 위주로 리모델링 추진)

- 10~20평대 소형 평형 주공아파트 위주로 리모델링 추진 중이나 한양백두와 같이 중대형 민영아파트도 리모델링 추진 중

- 여러 단지가 함께 움직이기보다는 개별 단지마다 추진함. 참고로 일산신도시는 4개 단지(2천여 세대)가 통합적으로 재건축을 추진하고 있는 곳만 2곳임

- 단지의 규모/입지 등과 관계없이 소유주가 적극적인 의지를 갖고 있다면 리모델링이 순조롭고 빠르게 진행되는 편

  예) 200여 세대 소규모 단지(덕유주공)도 리모델링 동의율 70%를 초과 달성하였음. 다만, 세대 수가 적다 보니 적극적으로 조합을 이끌고 실무를 처리할 인력이 부족하여 조합 임원(조합장, 이사, 감사, 대의원) 입후보자 추가 모집과 등록에만 3~4개월 소요됨(2023.2월 기준)

4) GTX-C 호재로 인해 주목받는 단지

구분	단지명	개요	특징	현장사진
1	산본주공 11단지	준공년도: 1991년 8월 세대수: 1,400세대 메인 평형: 24평 메인 평형 가격: 2022년말 이후 거래 없음 (최고 6.5억)	• 산본 신도시에서 입주가 가장 빠른(1991년) 재건축 추진 단지 (예비안전진단 탈락) • 래미안하이어스를 제외하면 다른 단지들보다 금정역까지 거리가 가까우며(약 1km) GTX-C 호재 영향을 많이 받는 단지 • 초품아이며 산본 신도시 2위 상권 및 학원가가 바로 옆에 있음 • 전세 수요도 꾸준한 편 • 지하주차장이 없어 주차 공간이 부족 • 재건축된 대장 아파트 래미안하이어스 바로 옆에 위치하여 재건축 전후 모습이 대조되는 풍경을 볼 수 있음	
2	금정역 일대 재개발 구역	산본1동 1지구 및 2지구 금정역 역세권 지구	• 금정역 일대 낙후된 도심에 지정된 재개발 구역은 총 3곳 • GTX-C가 완공되면 금정역 초역세권 신축 아파트로 탈바꿈될 곳 • 산본 신도시 구축 아파트가 리모델링 되고나면 입지와 상품성이 비교될 만한 곳임	

5) 현장에서 느껴지는 호재 파급력

① 리모델링

• 리모델링 추진 속도가 빠른 단지들은 신축에 대한 기대감이 높은 편

- 비교적 속도가 느린 단지의 경우, 「노후계획도시특별법」에 대한 기대감으로 주민들 간 재건축과 리모델링을 두고 입장이 나뉘기도 함
- 또한 입주민들은 추진 속도가 느리다고 해서 조급함을 느끼기보다 '결국 산본의 구축아파트 모두 리모델링 혹은 재건축하게 될 것'이라며 느긋한 입장임
- 원자잿값 상승에 따라 예상 분담금이 기존 2억 원대에서 3억 원대로 증가할 것으로 예상되며 분양 당시부터 거주한 중장년~노년층은 높은 분담금에 대해 거부감을 느끼는 경우가 많음

같은 단지에서도 리모델링에 대한 의견이 나뉘어 찬반 플래카드가 나란히 걸려있는 모습
(금강주공 1차아파트)

- 종합해보면, 산본 신도시에서는 다수 단지에서 리모델링을 진행하고 리모델링이라는 같은 호재를 공유함
- 만일 검토하는 아파트 단지 간에 리모델링을 추진하는 속도가 크게 차이 나지 않는다면 그럴수록 아파트가 위치한 입지가 더 중요함

- 상승장에서는 리모델링 호재만으로 가격이 큰 폭으로 오른 단지도 있으나 거래량이 적고 급매 위주로 거래되는 22년 말부터 결국 입지 순서대로 가격이 제자리를 찾아가는 모습을 보임
- 가격뿐만 아니라 거래량에서 확연한 차이가 나타났는데 급매 위주로 거래량이 늘어난 2023년 1~2월 역세권 단지들은 10건 이상 거래되었으나 외곽으로 갈수록 거래량이 거의 없음

② GTX-C 교통 호재

- 착공 전임에도 불구하고 상승장 끝난 후 22년 중순까지만 해도 GTX-C에 대한 주민들의 기대는 매우 높은 편이었음
- 기존에도 1호선 및 4호선으로 서울, 경기권으로의 이동이 편리했는데 GTX-C가 신설되면 강남까지 빠르고 편리하게 이동할 수 있게 되기 때문
- 이에 최근 몇 년간 상승장에서 교통 호재는 가격상승을 이끄는 촉매제 역할을 했음

  예) 개나리 주공13단지 : 리모델링 안전진단 통과 추진단지이기는 하나, 산본 중심 상권과 거리가 멀고 금정역까지 마을버스로 이동해야 함에도 불구하고 21년 초 세종주공 6단지보다 높은 상승률 보임

  (매매 최고가 세종주공 25평 6.2억 / 개나리주공 24평 5.85억), ('21년 10월 전년대비 세종주공 24평 47.2%, 개나리주공 24평 64.4% 상승)

예) 산본주공 11단지 : 금정역까지 거리가 다소 애매한 비역세권
인데도 GTX-C 접근성이 좋다는 이유로 산본역세권 단지들과 비
슷하게 상승 (24평 기준, 매매최고가 6.1억)

6) 2023년 초 발표된 정부 정책의 영향
(거래 건수는 2023년 1~2월 거래된 실거래 기준)

① 1·3대책 전후 분위기 변화

- 6~8억 대 대장 단지인 [래미안하이어스]의 경우 주택가격 9억
  원 이하에 저금리로 담보대출을 해주는 특례보금자리론 시행으
  로 실거주자들이 매매를 고려하여 급매 소진됨
- 3~4억 대 단지의 경우 대출이자 부담이 줄었다는 이유로 매수를
  고려하는 실수요자들은 많지 않았음. 이들 단지의 경우 금리보다
  는 고점 대비 30%가량 하락한 급매 가격에 매력을 느껴 매수한
  실거주자가 많음

② 「노후계획도시특별법」 발표 전후 분위기 변화

- 특별법 발표 이후 매수 문의나 거래가 늘어나지는 않음
- 실수요자들은 특별법 시행 여부에는 크게 개의치 않는 분위기이
  며, 일부 투자자들은 향후 특별법이 발표될 것으로 보고 1월부터

입지 좋은 단지의 저렴한 매물을 매수하였음

- 특별법 발표로 재건축 가능성이 있는 단지에서는 안전진단이 면제되면 시간이 단축된다는 점에서 기대감도 있지만 아직은 크게 동요하지 않는 분위기임

- 리모델링 추진 단지는 특별법으로 세대수를 늘릴 수 있는 등 혜택이 있는 만큼 독자적으로 리모델링을 계속 추진한다는 분위기임

③ 2023년 1~2월 거래량 많은 단지

- 거래량이 가장 많은 단지는 [래미안하이어스]로 대부분 실거주자가 매수하였음. 1~2월 25~64평형 통틀어 매매는 약 25건, 전세는 43건가량 거래되었는데 실거주자들이 주로 단지 내에서 평형 이동을 하여 움직였음. 한 예로 26평을 매도한 집주인이 34평을 매수했고, 34평 매도자는 43평을 매매하였음. 이러한 흐름이 퍼지면서 1주일 만에 급매가 소진되고 호가는 1억 정도 올라감

- 산본역 초역세권이자 중심 상권과 가장 가까운 [세종주공 6단지]는 투자자 위주로 매수가 늘었음. 전세가 잘 나가지 않는 만큼 투자자들은 전세를 끼고 매수하였고 일부 실거주자들은 본인 집을 저렴하게 매도하고 갈아타기를 시도함. 1~2월 매매 거래는 24평, 25평 총 12건 정도로 거래가 실종되었던 22년 말 대비 재건축 안전진단 면제 등에 대한 기대감도 다소 생긴 분위기, 한편 32평은 해당 기간 거래가 없었으며 비교적 소액으로 접근 가능한 20평대

위주로 거래되었음을 알 수 있음

- 산본역 역세권이자 리모델링 추진 단지인 [율곡주공 3단지]는 설 지나고 문의가 늘었고 집을 알아보러 다니는 사람도 많아졌음. 1~2월 매매 거래만 22~27평형 총 15건 정도 있었으며 매수자 70% 이상이 실거주자로 리모델링 호재보다는 거주 만족도 측면 에서 접근하는 사람들이 많음

- 10평대 위주인 [퇴계주공 3단지]는 전세를 알아보던 사람들이 전 세대출 이자를 내느니 급매로 매수하자는 생각으로 접근함. 이에 전 평형 매매 거래가 총 16건 정도로 늘었고 매수자 중 실거주자 비율이 80% 이상임

④ 입지에 따른 분위기 차이

- 역세권과 상권에 가까울수록 투자자 진입 비율이 높고 거래량이 늘고 있는 반면 외곽에 위치한 단지일수록 매매뿐만 아니라 신규 전세 거래도 되지 않는 분위기임

- [세종주공 6단지]는 18년도부터 투자자가 많이 진입해 매물도 타 단지에 비해 많은 편이며 1월부터 매매 거래가 늘어 2월까지 12 건 정도 거래됨. 2월 들어서는 수리 상태 좋은 매물 위주로 전세 거래도 활발히 되었음. 반면 한 블록 건너 [우륵주공 7단지]는 리 모델링 속도가 가장 빠른 단지임에도 불구하고 매매 건수는 [세 종주공 6단지]의 2/3 수준임

- 투자자는 입지가 가장 좋은 [세종주공 6단지] 위주로 진입하고 있으며 이러한 분위기가 퍼져 2월 둘째 주부터 외곽에 위치한 단지들에도 투자자 문의가 늘고 거래된 사례가 나옴. [개나리주공 13단지]는 매매 거래가 거의 되지 않다가 20평이 2월 첫째 주 1건 거래되더니 2월 둘째~셋째 주 24평 2건이 거래되었으며 2건 모두 투자자가 매수했음. 24평은 2월 넷째 주 추가로 1건 더 계약되기도 함

- 1월부터 거래가 살아난 단지들은 [세종주공 6단지]를 기점으로 멀어지며 [율곡주공 3단지]는 투자자가 일부 진입했으나, [우륵주공 7단지]와 [무궁화주공 1단지], [퇴계주공 3단지]는 실수요자가 대부분이었음. 리모델링 호재가 조정 하락장에서 큰 힘을 쓰지 못하고 입지를 기반으로 거래가 늘어나는 양상을 보임

생각 톡톡

1기 신도시 중 산본 신도시만의 차별점을 떠올린다면 두 가지가 먼저 생각납니다. 바로 '낮은 평단가' 그리고 '리모델링'입니다. 다른 1기 신도시와 비교했을 때 산본신도시는 확실히 저렴합니다. 그렇다고 미래가치도 없을까요? 산본신도시는 '리모델링'이 빠르게 진행되는 도시입니다. 게다가 단계가 진전된 단지도 많습니다. 건축심의를 준비 중인 단지만 해도 3곳이며 리모델링 조합이 설립된 단지까지 포함하면 6개 단지나 됩니다. 그런 만큼 산본 신도시를 살펴보실 때는 '리모델링'이라는 키워드를 가지고 가치를 비교 평가해보시면 좋겠습니다.

이때 현장에 가보는 것이 필수이겠지요? 본 임장보고서에서 제안하는 임장 동선을 따라가시면 산본신도시에서 먼저 봐야 할 단지부터 기준점을 잡고 가보실 수 있습니다. 핵심은 단지를 이동할 때마다 리모델링이 본격적으로 추진되고 있는지, 어느 단계까지 와있는지 확인하는 것인데요. 동시에 더 중요하게 챙겨야 할 것이 있습니다.

바로 입지입니다. 역에서 가까운지, 편의시설은 많은지, 학교는 어디로 배정되는지 등은 단지의 가치를 결정하는 중요한 요소입니다. 즉, 리모델링 추진 여부와 입지에서 나타나는 차이점들이 가격에 어떻게 반영되었는지를 확인하면 되는 것이지요. 이러한 과정을 통해 어느 단지가 저평가되었는지 투자할만한 가치가 있는지를 판단하기 좋은 곳이 바로 산본신도시입니다.

여기서 한 단계 더 나아가볼까요? 사실 '리모델링'은 부동산 시장과 정부의 정책 변화에 영향을 받는 편입니다. 그러므로 임장을 가는 시기에 따라 '리모델링'에 주는 점수를 가감할 수 있어야 하겠지요, 가령 「노후계획도시특별법」에서 역세권 단지를 재건축 시 용적률을 500% 상향해주고 안전진단을 면제해준다고 하는데요. 그러면 영향을 받는 단지가 생길 수 있겠지요.

이렇게 임장을 하면서 핵심적인 정보에 하나씩 살을 붙여 나가시면 됩니다. 아직 착공하지는 않았으나 상승장에서 기대 심리가 어마어마했던 GTX-C 호재도 생각해볼 수 있겠네요. 시간이 지날수록 GTX-C

에 대한 사람들의 기대가 어떻게 변하고 가격에 어떻게 반영되는지 알아보는 것도 재미있을 것 같습니다.

자, 산본 신도시를 어떻게 임장하면 될지 윤곽이 잡히시나요?

이제 여러분이 임장을 통해 이해의 폭을 넓혀보실 차례입니다.

초보자도 어렵지 않은
1기 신도시 임장 노트

초판 1쇄 발행 2023년 4월 24일

지은이 메디테라(정은숙), 모멘토, 희아(이수정), 돈디(강영화), 송아, 폴리
발행인 곽철식

마케팅 박미애
펴낸곳 다온북스
인쇄 영신사

출판등록 2011년 8월 18일 제311-2011-44호
주소 서울 마포구 토정로 222, 한국출판콘텐츠센터 313호
전화 02-332-4972 팩스 02-332-4872
전자우편 daonb@naver.com

ISBN 979-11-90149-99-0 03320